Die neue digitale Welt verstehen

T0383790

Christoph Meinel · Maxim Asjoma

Die neue digitale Welt verstehen

Internet und WWW für alle

 Springer

Christoph Meinel
Hasso-Plattner-Institut für Digital
Engineering gGmbH
Potsdam, Deutschland

Maxim Asjoma
Hasso-Plattner-Institut für Digital
Engineering gGmbH
Potsdam, Deutschland

ISBN 978-3-662-63700-5   ISBN 978-3-662-63701-2   (eBook)
https://doi.org/10.1007/978-3-662-63701-2

Die Deutsche Nationalbibliothek verzeichnet diese Publikation in der Deutschen
Nationalbibliografie; detaillierte bibliografische Daten sind im Internet über
http://dnb.d-nb.de abrufbar.

Die in diesem Sammelband zusammengefassten Beiträge sind ursprünglich erschienen
in Spektrum der Wissenschaft Spektrum.de

Planung: Petra Steinmüller
Springer ist ein Imprint der eingetragenen Gesellschaft Springer-Verlag GmbH, DE
und ist ein Teil von Springer Nature.
Die Anschrift der Gesellschaft ist: Heidelberger Platz 3, 14197 Berlin, Germany

EINLEITUNG

COMPUTERNETZWERKE

MEDIENKODIERUNG

INTERNETWORKING

INTERNETANWENDUNGEN

WORLD WIDE WEB

INTERNET GOVERNANCE

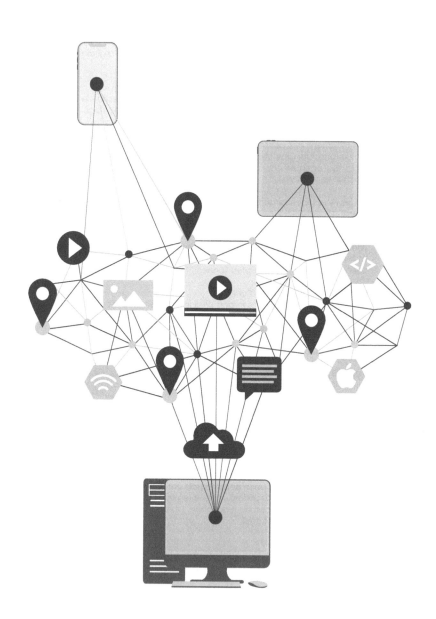

Willkommen im Netz der Netze

Was das Internet angeht, leben wir noch in einem ganz frühen Stadium: in einer Welt voller Rätsel, Mythen und Überraschungen. Es ist Zeit, das zu ändern.

Die Vernetzung des Globus hat inzwischen Ausmaße angenommen, dass man vom Internet als einem neuen digitalen Raum spricht oder gar von der „neuen digitalen Welt". Neben der gut bekannten physischen Welt mit ihren Gesetzen des Raums, der Zeit, der Gravitation und ihrer sozialen Ordnung hat die Entwicklung des Internets eine neue digitale Welt mit ganz eigenen, noch weitgehend unerforschten Gesetzen entstehen lassen. Eine Spiegelwelt, in der jedes Ding der physischen Welt eine als digitaler Zwilling bezeichnete Hülle bekommt, die das Ding in den digitalen Raum projiziert, ihm dort eine Repräsentanz gibt und es von dort aus auch in der physischen Welt manipulierbar macht. Wie genau diese Spiegelwelt mit der physischen Welt verwoben ist, muss noch geklärt werden.

Wir leben in dieser aufregenden Zeit, in der diese neue Welt sich zu entfalten beginnt, sind Entdeckergeneration und Gestalter zugleich. Es gilt, eine neue digitale Welt zu entwickeln, zu beleben, zu erforschen und zu kolonisieren.

Heute gibt es kaum eine technologische Innovation, die nicht auf das Internet als Basis aufsetzt. Die neue Welt des Internets und des World Wide Web bildet die Grundlage für Millionen von Anwendungen, die wir täglich im beruflichen Alltag, im gesellschaftlichen Leben und in der Freizeit nutzen. Forscher wie Vincent Cerf, Robert Kahn, Tim Berners-Lee und hochinnovative Digitalunternehmen haben es geschafft, dass wir heute über wenige intuitive

7

© Der/die Autor(en), exklusiv lizenziert durch
Springer-Verlag GmbH, DE, ein Teil von Springer Nature 2021
C. Meinel und M. Asjoma, *Die neue digitale Welt verstehen*,
https://doi.org/10.1007/978-3-662-63701-2_1

Mausklicks das Netz verwenden können, während die immer komplexeren technischen Mechanismen, die all dies ermöglichen, vollkommen in den Hintergrund treten. Die Einfachheit der Nutzung verdeckt aber zugleich, wie wenig wir davon verstehen, wie Internet und WWW wirklich funktionieren. Mit einem Smartphone kann heute fast jeder umgehen, und es entsteht leicht der Eindruck, wir stünden mit der digitalen Welt voll auf Du und Du, könnten unbeeindruckt von der rasanten Entwicklung dieser neuen Welt einfach weiterleben wie bisher – nur eben um einige technische Gimmicks reicher. Es verwundert schon, dass diese tief greifenden Veränderungen kaum große gesellschaftliche Debatten angestoßen haben. Trotz ihres ganz grundsätzlichen Einflusses auf unser Leben und Arbeiten bleiben sie ohne nennenswerten Nachhall, abgesehen einmal von so mangelhaft fundierten Einwürfen wie „Digital macht dement".

Wem könnte man es aber verübeln? In gewisser Weise leben wir in einem voraufgeklärten Stadium, sehen Seemonster und orientieren uns an Mythen, um diese neue Welt zu erklären. Das spiegelt sich auch in der langweiligen politischen Sprache zur Digitalisierung wider und den weit verbreiteten Beharrungskräften: „Augen zu, wird schon wieder!" Was wir brauchen, ist eine echte digitale Aufklärung, um uns auch in dieser neuen fremden Welt selbstbestimmt und eigenverantwortlich zu bewegen und diese menschenfreundlich mitgestalten zu können. Der Schlüssel dazu ist ein zumindest grobes technisches Grundverständnis, wie Internet und WWW überhaupt funktionieren.

Internet und Web werden oft als Synonyme verwendet. Das ist jedoch nicht richtig. Denn das Internet kann in gewisser Weise als die Hardware des WWW verstanden werden. Zunächst einmal ist es nichts weiter als ein globaler Verbund von Rechnernetzen. Dieses Netz der Netze verknüpft Einzelrechner und Smartphones, Firmennetze, Wissenschaftsnetze, militärische Netze sowie Netze kommunaler und überregionaler Betreiber. Diese wiederum können dabei ganz unterschiedliche Trägermedien nutzen wie Kupfer, Glasfaser oder Funkwellen und auch von inkompatiblen Netzbetriebssystemen gesteuert werden. Der vermittels der Internetprotokolle als einheitliches Netz erscheinende Verbund dieser ganz unterschiedlichen Netze, das ist das Internet – die Grundlage der neuen digitalen Welt.

Ein Erfolgsfaktor für den rasanten Aufschwung des Internets war sicher seine offene Systemarchitektur, die es jedem ermöglicht hat, sich mit einem Rechner oder Smartphone anzuschließen, neue Anwendungen zu entwickeln und auch anderen zur Verfügung zu stellen. Wer die Funktionsweise des Internets versteht, der kann am Aufbau der digitalen Welt mitwirken und diese aktiv gestalten und weiterentwickeln. Wurden 1969 in den USA erstmals vier Rechner zu einem Versuchsnetz zusammengeschlossen, sind es heute Hunderte von Millionen verbundene Rechner. Dank einer Vielzahl von Technologien, die unter dem Begriff „Internetworking" zusammengefasst werden, erscheinen sie uns als einheitliches Gebilde.

Das World Wide Web ist dagegen, vereinfacht gesagt, die Software des Internets. Es ist ein System zur Bereitstellung und Verwaltung jenes unvorstellbar riesigen und rasant wachsenden Datenlagers, das aus elektronischen Text-, Bild-, Ton- und Video-Dokumenten besteht, die untereinander verlinkt werden können. Daneben bietet das Web Zugang zu einer ebenfalls riesigen und rasant wachsenden Zahl von Anwendungen sowie On- und Offlinediensten, die über das Internet genutzt werden können. Die über das weltumspannende Web verfügbaren so genannten Hypertext- beziehungsweise

Hypermedia-Dokumente – oder einfach: Webseiten – und die über das Web angebotenen Dienste konstituieren die neue virtuelle Welt.

Zugang zu ihr bieten die Webbrowser, die auf den mit dem Internet verbundenen Geräten installiert sein müssen. Spätestens seit 1993, seit es für diese Webbrowser grafische Nutzer-Interfaces gibt, ist es wirklich jeder und jedem möglich, im WWW über einfache Mausbewegungen und Klicks zu navigieren, Webseiten anzufordern und sichtbar zu machen sowie mit den über das Internet verfügbaren Anwendungen und Diensten zu interagieren. Webbrowser sind so die Schnittstelle oder prosaischer die Fenster und Türen zur digitalen Welt.

Im weiteren Verlauf unseres „Web-Tutorials" wird es um die unterschiedlichen Internettechnologien, Kommunikationsprotokolle, Webinhalte und -anwendungen gehen, die ihren Anteil an der Entstehung der uns immer stärker umgebenden digitalen Welt haben. Mit einem besseren Verständnis dieser neuen Technologien wird es gelingen, dieses Neuland zu erschließen und digital aufgeklärt an seiner Ausgestaltung mitzuwirken.

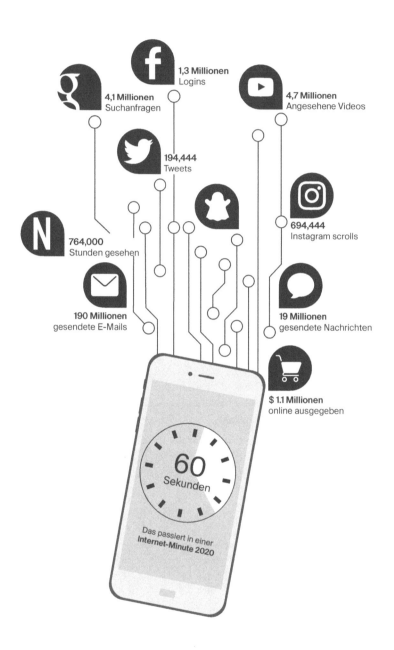

1,3 Millionen
Logins

4,1 Millionen
Suchanfragen

4,7 Millionen
Angesehene Videos

194,444
Tweets

764,000
Stunden gesehen

694,444
Instagram scrolls

190 Millionen
gesendete E-Mails

19 Millionen
gesendete Nachrichten

$ 1.1 Millionen
online ausgegeben

60
Sekunden

Das passiert in einer
Internet-Minute 2020

Schöne neue (Digital-) Welt

Eine fundamental neue Welt eröffnen uns die großen Digitalunternehmen. Doch wie wir am Ende darin leben wollen, das hängt vor allem von uns selbst ab.

In seiner kurzen Geschichte haben es Internet und WWW geschafft, weltweit Menschen, Maschinen, Dienste und Medieninhalte aller Art zu verknüpfen und die Erfahrung eines ganzheitlichen und einheitlichen Netzraums zu erschaffen – unsere neue digitale Welt. Dabei werden nicht nur bestehende Medien verknüpft und global niedrigschwellig zur Verfügung gestellt, sondern ganz neue Medien und Dienste erfunden, deren weltweite Nutzung die Kommunikationsformen revolutioniert hat. Besonders die großen Digitalunternehmen sind extrem erfolgreich bei der Bereitstellung von Inhalten für die schöne neue digitale Welt, die uns in ihren Bann zieht. Die Anlehnung an Aldous Huxleys dystopischen Sciencefiction-Roman ist dabei nicht zufällig. In der Tat wird es stark davon abhängen, wie wir diese neue Welt kolonisieren, wie wir lernen, uns in ihr zu bewegen, geeignete Rahmenbedingungen zu schaffen, Regeln zu setzen und durchzusetzen.

Zunächst einmal ist es wichtig zu verstehen, was alles in dieser digitalen Welt möglich ist und wie sie sich von der alten unterscheidet. Die E-Mail als digitale Post ist zum wichtigsten Kommunikationsmedium geworden – in jeder Minute werden weltweit über 150 Millionen Nachrichten verschickt. Ergänzend kommen zahlreiche weitere Dienste wie Skype, WhatsApp, Viber, Instagramm, Tiktok und WeChat hinzu, die in ähnlicher Größenordnung

13

C. Meinel und M. Asjoma, *Die neue digitale Welt verstehen*, https://doi.org/10.1007/978-3-662-63701-2_2

unkomplizierte und unmittelbare multimediale Kommunikation zwischen Menschen ermöglichen.

Jeden Tag werden zirka 150 000 neue Internetseiten registriert. Sie erweitern die digitale Welt und unsere Möglichkeiten der Informationsverbreitung und des Austauschs. Praktisch jeder kann sich über eine oder gleich mehrere Webseiten einen Platz in der neuen Welt einrichten und mit den anderen Playern im digitalen Kosmos in Interaktion treten. Um sich in dem immer weiter wachsenden Verbund von heute geschätzt 1,24 Milliarden Webseiten zurechtzufinden, braucht es immer bessere Techniken zur Assoziation und Navigation innerhalb dieses digitalen Raums. Die klassischen analogen Verfahren versagen und werden um neue Technologien wie der Websuche ergänzt. Google ist nicht die einzige und nicht die erste Suchmaschine, die uns hilft, diejenigen Informationen zu finden, die wir suchen, aber Google hat es geschafft, mit cleveren Algorithmen, der Integration von Methoden der künstlichen Intelligenz und der ständigen Weiterentwicklung dieser Suchtechnologien zum globalen Standard für die Websuche zu werden. In jeder Minute werden über Google 2,4 Millionen Suchanfragen gestellt; das Wort „googeln" hat es inzwischen sogar in den Duden geschafft.

In den sozialen Medien entstehen neue, bisher ungekannte Habitate für den Homo digitalis. In der „Facebook-Nation" tummeln sich inzwischen über 1,3 Milliarden Nutzer, die stündlich 180 Millionen Inhalte teilen und „liken". Der Kurznachrichtendienst Twitter ist zu einem bestimmenden Faktor geworden, der sogar politische Prozesse begleitet und transformiert. 700 Millionen Nachrichten werden hier täglich versendet, banale Berichte zum morgendlichen Frühstücksei bis hin zu weltbewegenden Ankündigungen wichtiger Staatenlenker.

Jeder kann Zugang zur digitalen Welt erlangen, die

sich wie eine zweite neue Welt über unsere altherge-
brachte physische Welt wölbt und sich mit dieser verwebt.
Jeder kann Anteil am globalen Informationsaustausch
erlangen und diesen mitgestalten, und jeder hat die
Möglichkeit, über die Digitalisierung analoge Ressourcen
effizienter zu nutzen und seine Aufgaben im Alltag, im Be-
ruf und als Teil der Gesellschaft leichter zu erfüllen.

Die Plattform Airbnb, über die jeder ein Zimmer, die
eigene Wohnung oder ganze Häuser zur Vermietung
anbieten kann, revolutioniert das Gastgewerbe. Über
vier Millionen Unterkünfte werden in 190 Ländern der
Erde angeboten. Der Fahrdienst Uber vermittelt jährlich über vier Milliarden Fahrten, und die Mitfahrzentrale
BlaBlaCar hat mehr als 65 Millionen Mitglieder weltweit.
Auf Youtube werden in jeder Minute über 500 Stunden
an Videomaterial hochgeladen, und große Videostrea-
ming-Plattformen wie Netflix, Amazon Prime oder Sky erreichen Millionen von Nutzern, die zusammengenommen
mehrere hunderttausend Stunden Videos in der Minute
konsumieren. Über Yelp können Nutzer zu Restaurant-
kritikern werden und die Qualität von Speisen und Services bewerten. Täglich kommen mehr als 40 000 neue
Reviews hinzu. Überhaupt ermöglichen es alle diese
Dienste, eigene Erfahrungen mit angebotenen Diensten
zu teilen. Dabei werden solche Bewertungen zum inte-
gralen Bestandteil der Dienste selbst und schaffen eine
neue, bisher ungekannte Datengrundlage für die Mes-
sung der Qualität und Popularität von Dienstleistungen
und Produkten.

Auch und gerade die Geschäftsmodelle des Han-
dels stehen im Wandel. Der einstige Bücherhändler
Amazon hat sich durch die konsequente Nutzung und
Implementierung digitaler Technologien ein globales
Handelsimperium aufgebaut. Über die modulare Platt-
form vernetzt Amazon inzwischen rund sechs Millionen

Händler weltweit, schafft globale Standards und Ver-
trauen im Austausch und der Rücknahme von Waren.
Die Konkurrenzplattform eBay ermöglicht es jedem,
über ein ausgeklügeltes Versteigerungssystem Waren
zu kaufen oder zu verkaufen. Mit PayPal ist eine weitere
digitale Plattform entstanden, die weltweit auf einfache
und vertrauensvolle Weise Werte transferiert. Bereits
über 250 Millionen Nutzer zahlen mit PayPal bei fast
zehn Milliarden Transaktionen jährlich. Allen diesen west-
lichen Diensten stehen vermehrt auch chinesische Dienste
mit einem Binnenmarkt von 1,4 Milliarden Menschen
gegenüber.

Allein diese kurze Aufzählung macht klar, dass Internet und WWW als Grundlagentechnologie unsere Welt
in einem außerordentlichen Maß verändern. In dieser
digitalen Welt mit ihren neuen Räumen sind globale
Interaktionen möglich, die um mehrere Größenordnungen über allem bisher Gekannten liegen. Die digitale
Transformation läutet damit in allen Bereichen unserer
Gesellschaft Paradigmenwechsel ein und fordert uns
als die erste Generation, die diese Entwicklung angestoßen und in Gang gesetzt hat, heraus, diese so gut als
möglich zu verstehen, aktiv gesellschaftlich zu begleiten
und zu gestalten.

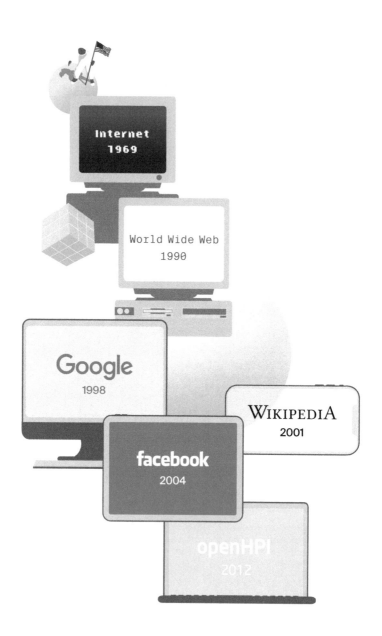

Eine kurze Geschichte des Internets

**Das Internet wurde 1969 im Jahr der Mondlandung er-
funden. Eigentlich ganz passend: In beiden Fällen ließ
die Menschheit die alte Welt hinter sich.**

„Wer die Vergangenheit nicht kennt, kann die Gegenwart
nicht verstehen und die Zukunft nicht gestalten." Was der
ehemalige Bundeskanzler und Historiker Helmut Kohl
einst über Geschichte sagte, trifft auch auf die noch kurze
Geschichte der digitalen Technologien zu und ganz besonders auf das Internet, das den Grundstein für die
neue digitale Welt gelegt hat.

Die Entwicklung des Internets startete 1969, im Jahr der
ersten Mondlandung, was insofern eine schöne Koinzi-
denz ist, als sowohl das Vordringen in den Weltraum als
auch die Schaffung einer neuen virtuellen Welt Wende-
punkte in der Menschheitsgeschichte markieren. Beides
steht für den Aufbruch aus der altbekannten terrestrisch
und physisch gebundenen Welt.

Das Internet wurde mit Fördergeldern der DARPA
entwickelt, einer Agentur des US-amerikanischen Ver-
teidigungsministeriums zur Förderung von Innovationen.
Es startete als Verbund von vier Rechnern der Universitäten Stanford, Santa Barbara, Utah und Los Angeles
zum sogenannten ARPANET (Advanced Research Pro-
jects Agency Network). Zwei Jahre später waren bereits
23 Rechner über 15 Knoten im ARPANET miteinander vernetzt, und die erste E-Mail wurde versandt – die auch
als erste „Killer-App" (besonders beliebte Anwendung)
des Internets bezeichnet wird. 1973 gab es die ersten
europäischen Internetknoten in Großbritannien und

19

Norwegen, und zehn Jahre darauf waren weltweit schon 500 Hosts über das Internet verbunden.

1983 vollzog sich eine maßgebliche Weichenstellung für das Internet: Die von Vinton Cerf und Robert Kahn entwickelte TCP/IP-Kommunikationsprotokollsuite wurde eingeführt. Bis heute steuert sie die gesamte Internetkommunikation. Gleichzeitig wurde das ARPANET in einen zivilen und einen militärischen Teil aufgespalten. Weitsichtig wurden dann auf Veranlassung der US-amerikanischen Regierung wenig später alle Universitäten in den USA an das Internet angeschlossen, was zu einer Explosion in der Nutzung des Internets und der Entwicklungen neuer Anwendungen führte. 1988 waren weltweit schon mehr als 60 000 Rechner verknüpft. Die Einsatzmöglichkeiten stiegen und stiegen. Auch die ersten Internet-Schadprogramme wurden entwickelt, um die Nutzung des Internets zu stören oder Unbefugten Zugriff auf Systeme anderer Internetnutzer zu gewähren. Der Ur-Internetvirus befiel damals zehn Prozent der mit dem Internet verbundenen Hosts.

Das Jahr 1990 brachte die bedeutendste Neuerung, die den Siegeszug des Internets und die Entstehung der auf dem Internet basierenden neuen digitalen Welt endgültig besiegelte. Am europäischen Forschungszentrum CERN entwickelten die Informatiker Robert Cailliau und Tim Berners-Lee das World Wide Web. Über das „Web" konnte mit Hilfe kleiner Programme, der Webbrowser nämlich, in Sekundenschnelle über das Internet auf weltweit verstreut gespeicherte multimediale Dokumente zugegriffen werden. Die neuen Webpages ließen sich durch „Hyperlinks" untereinander frei vernetzen. Fortan mussten die Nutzer gar nicht mehr wissen, wo genau das Dokument gespeichert war, für das sie sich gerade interessierten.

Das World Wide Web (WWW) wurde so nach dem E-Mail-Dienst zur zweiten Killer-App des Internets, denn mit den seit Ende 1993 verfügbaren Webbrowsern mit grafischer Oberfläche konnten nun auch Laien im Internet, einfach per Mausbewegung und -klick, „surfen". Über Webbrowser lassen sich digitale Inhalte sehr leicht hochladen, vernetzen und zum Verkauf anbieten. Doch nicht jeder große Player im IT-Bereich sah den rapiden Bedeutungsgewinn des Internets voraus. So dauerte es noch fünf Jahre, bis Microsoft einen eigenen Browser, den Internet Explorer, auf den Markt brachte.

Das exponentielle Wachstum des Internets und seiner kommerziellen Nutzung ab Mitte der 1990er Jahre weckte viele Fantasien und zum Teil auch unrealistische Erwartungen und ließ einen Dotcom-Markt im Internet entstehen mit einer unüberschaubaren Zahl durchdachter und weniger durchdachter Online-Services aller Couleur. Auch dieser Markt entwickelte sich exponentiell und überhitzte. Kleinstinternetunternehmen waren plötzlich so viel wert wie große Betriebe der traditionellen physischen Welt. Die „Dotcom-Blase" wuchs bis zum Millennium, um in der ersten Internet-Wirtschaftskrise jäh zu platzen.

Als klar war, dass sich das World Wide Web zum rasant wachsenden Massenphänomen entwickelte, gründete sich das W3C (WWW Consortium). Dieses wird vom WWW-Pionier Berners-Lee bis heute geleitet. Es übernahm die Aufgabe, wichtige Standardisierungsmaßnahmen im WWW vorzuschlagen und seine Weiterentwicklung zu koordinieren. Ohne die W3C-Standards hätte das Web nie seine heutige Reichweite und Bedeutung entfalten können.

2001 wurde in Japan ein Protokoll für die mobile Nutzung des Internets geschaffen, und die allerersten Smartphones eroberten den Markt. In dieser Zeit gründete sich auch die noch heute beliebte Online-Enzyklopädie „Wikipedia". Die Dotcom-Marktbereinigung hatte zur Folge, dass sich nachhaltige Webangebote wie Google, Amazon und Ebay herauskristallisierten und ihren Siegeszug antraten. Wenige Jahre später wurden die ersten sozialen Netzwerke gegründet. So kann 2003 als das Jahr der Geburt des „Web 2.0" betrachtet werden.

Praktisch jeder Internetnutzer wurde in die Lage versetzt, über digitale Anwendungen nicht nur im Web zu surfen und Informationen aufzunehmen, sondern auch eigene Inhalte einzubringen und in Echtzeit mit anderen Nutzern zu interagieren. MySpace gilt zwar als der Pionier des Web 2.0, aber Facebook, das ein Jahr später gegründet wurde, und LinkedIn machten das interaktive Internet zum Massenphänomen. So vernetzt das Karriereportal heute mehr als 610 Millionen und Facebook sogar 2,7 Milliarden Nutzer weltweit miteinander. Darüber hinaus begannen auch die ersten Maschinen sich über das Internet zu vernetzen und zu kommunizieren. Das „Internet der Dinge" nahm seinen Lauf.

Apple revolutionierte 2007 das Webinterface mit der Einführung des Touchscreens für mobile Endgeräte. Diese Entwicklung wurde von der Einführung mobiler Betriebssysteme wie iOS (Apple) und Android (Google, 2008) begleitet. Damit wurde die Nutzung des WWW nochmals stark vereinfacht, und weitere Zielgruppen wurden erschlossen. So richtig erfolgreich wurden mobile Endgeräte wie Smartphones oder Tablets aber erst mit der Entwicklung des Cloud-Computings, das als weiterer Paradigmenwechsel in der Geschichte des Internets betrachtet werden kann. Rechen- und Speicherkapazität verlagerten sich von den Endgeräten hin zu professionell geführten Datenzentren, wo die besten Hochleistungsrechner und das bestausgebildete IT-Personal die Datenspeicherung und -absicherung administriert. Die Endnutzer brauchen nur noch mit dem Internet verbundene Endgeräte zu besitzen, um über Webservices auf

die enorme Rechen- und Speicherleistung der Datenzentren zuzugreifen.

Dass diese Entwicklung einen neuen Boom der Inter-
netindustrie und der IT-Gründerszene bedeutete, ist klar.
Junge Unternehmen können sich seitdem auf ihre neu-
en Anwendungen konzentrieren und brauchen sich über
die Bereitstellung von Rechenleistung, -speicherung und
IT-Sicherheit keine Gedanken mehr zu machen. Selbst
Nichtinformatiker können seither erfolgreiche IT-Unter-
nehmer werden, und alle Generationen profitieren von
der niedrigschwelligen Nutzung von Internetdiensten. So
kann heute jeder ohne großes Vorwissen seine eigene
Internetseite gestalten, einen Onlineshop eröffnen, digitaler Influencer werden und am globalen Wissensgewinn
teilhaben.

Das Internet ist damit endgültig zur bestimmenden
Technologie der Gegenwart geworden und verspricht
auch ganz neue internetbasierte Anwendungen in den
Bereichen Big Data, künstliche Intelligenz, Internet der
Dinge und Blockchain.

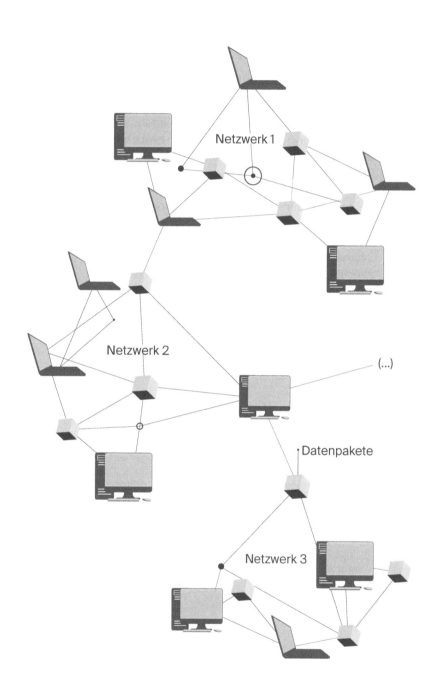

Netzwerk 1

Netzwerk 2

(...)

Datenpakete

Netzwerk 3

Wie funktioniert ein Computernetzwerk?

Für uns Nutzer wirkt es, als verstünde jeder Rechner jeden anderen im Internet. Tatsächlich ist dies jedoch nur dank ausgefeilter Übersetzungsprogramme möglich: dem Internetworking.

Das, was wir gemeinhin als „das Internet" bezeichnen, gibt es an sich gar nicht. Das Internet ist vielmehr ein virtuelles Netz, das aus verschiedenartigsten einzelnen Computernetzwerken zusammengeschaltet ist. Die offene Systemarchitektur des Internets machte es den Betreibern der einzelnen Netzwerke möglich, ihr Netzwerk mit Hilfe von Internet Service Providern (ISP) mit dem Internet zu verbinden. So sind heute über eine Milliarde Rechner und Devices mit dem Internet verbunden und mehr als vier Milliarden Menschen nutzen es als globale Kommunikationsinfrastruktur.

Ausgefeilte Protokolltechnologien, das so genannte „Internetworking", erzeugen beim Nutzer die Illusion, der Netzverbund bilde ein gemeinsames Ganzes. Die Kommunikationsprotokolle des Internets sorgen dafür, dass die Nachrichten der Milliarden von Rechnern und Devices über die Grenzen ihres jeweils eigenen Netzwerks hinweg zu anderen Rechnerverbünden gesendet und dort verstanden werden können.

Dabei gibt es sehr verschiedene Arten von Netzwerken, die über das Internet miteinander verbunden sind. In Heimnetzwerken werden typischerweise Rechner, Tablets und Smart Devices aller Art über eine Telefonleitung und einen Router mit dem Internet verbunden. Anders in Firmennetzwerken: Dort sind sehr viele unterschiedliche

© Der/die Autor(en), exklusiv lizenziert durch
Springer-Verlag GmbH, DE, ein Teil von Springer Nature 2021
C. Meinel und M. Asjoma, *Die neue digitale Welt verstehen*,
https://doi.org/10.1007/978-3-662-63701-2_4

Rechner über Firmenserver miteinander verbunden und über Standleitungen an das Internet angeschlossen. Damit das Heimnetzwerk mit dem Firmennetzwerk kommunizieren kann, braucht es die schon erwähnten ISPs, die die einzelnen Rechnernetzwerke über Zwischensysteme miteinander verknüpfen.

Abbildung 1 zeigt vereinfacht, wie das Internet als Netz der Netze aufgebaut ist.

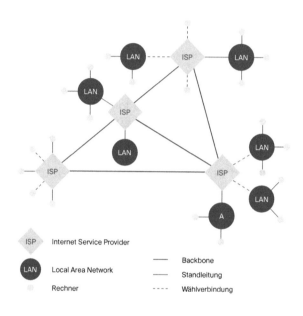

Abb.1: Schematische Darstellung eines Netzwerkverbunds

Einzelne Rechner werden entweder direkt über Wählverbindungen oder Standleitungen an Internet Service Provider wie Telekom oder Vodafone angeschlossen oder aber innerhalb von „Local Area Networks" (LANs) miteinander verbunden, um anschließend an das Internet angeschlossen zu werden. Das Herzstück des Internets sind also die Internet Service Provider, die über Backbones, das heißt Internetleitungen mit besonders hoher Bandbreite, miteinander verbunden sind und das große virtuelle Netzwerk zusammenhalten. Die Kommunikation im Internet läuft folglich immer entlang der Verbindungslinien zwischen Rechnern, LANs und Internetanbietern, wobei sich jeder Nutzer darauf verlassen kann, dass die Internetworking-Software durch das Netz den richtigen Weg zum Ziel findet.

Doch sehen wir uns zunächst Rechnernetze und ihre Verknüpfung genauer an. Diese bestehen aus drei Komponenten: Endgeräten, Zwischensystemen und physikalischen Verbindungen.

Der ganze Zweck des Internets besteht darin, dass die einzelnen Endgeräte miteinander kommunizieren können. Endgeräte, so genannte Hosts, können beispielsweise Rechner, Smartphones oder andere internetfähige Geräte sein. Diese tauschen Nachrichten, kodiert als Bitfolgen, aus. Um solche Bitfolgen über größere Distanzen zu übermitteln, werden sie in Sequenzen von physikalischen Signalen – elektrischen Impulsserien, Radiosignalen oder Lichtimpulsen – umgewandelt, um dann entlang physikalischer Übertragungsmedien – Kupferkabel, Lichtwellenleiter, Funkwellen, Infrarot oder Bluetooth – übermittelt zu werden.

Will man nun Rechner oder Netzwerke miteinander verbinden, wird man feststellen, dass das nicht so einfach möglich ist. Rechner und Netzwerke nutzen oft unterschiedliche und inkompatible Kommunikationstechnologien. Es braucht deshalb regelmäßig „Zwischensysteme", die die Übersetzung zwischen diesen Kommunikationstechnologien übernehmen. Nur wenn die Übersetzer gut und schnell funktionieren und die unterschiedlichen Rechner- und Netzwerksprachen permanent ineinander umwandeln, gelingt die Kommunikation.

Um beim Design der Kommunikationssoftware die Komplexität zu reduzieren, stellt man sich die Kommunikation von Rechnern als eine Client-Server-Interaktion vor. In diesem Modell übernimmt jeder der beiden Kommunikationspartner eine genau definierte Rolle: Der eine Rechner, der Client, eröffnet die Interaktion, der andere, der Server, ist bereit, Anfragen anzunehmen und zu bearbeiten. Wenn wir zum Beispiel eine Webseite besuchen, eine E-Mail verschicken oder Speicherplatz in der Cloud abfragen, versendet unser Rechner als Client eine Anfrage an einen entsprechenden Server im Netz. Das passiert jede Sekunde millionenfach und parallel. Der Server prüft die Anfrage des Clients und entscheidet, ob der Client berechtigt ist, diese Kommunikationsleistung zu empfangen oder nicht.

Damit die Anfragen der Clients überhaupt beim Server ankommen, braucht es Netzwerkadapter, die die digital kodierten Nachrichten in Folgen physikalischer Signale übersetzen. Diese werden anschließend über das Internet versendet. Der Netzwerkadapter des empfangenden Servers dechiffriert die physikalischen Signale und wandelt sie zurück in die digitale Nachricht. Dazwischen kommen die schon erwähnten Zwischensysteme zum Einsatz, die typischerweise an Netzwerkknoten installiert sind, wo sie die Signale verstärken (Repeater), über den weiteren Weg für den Datentransport im Netzwerkverbund entscheiden und die Nachrichtenformate dem einzuschlagenden Weg entsprechend in die Nachrichtenformate des benachbarten Netzwerks übersetzen.

Nach diesem ersten Überblick über die Funktionsweise des Internet-Netzwerkeverbunds werden wir uns als Nächstes genauer anschauen, wie Rechner in den ortsgebundenen Netzwerken, also in LANs, WLANs und WANs kommunizieren, die ja die Bausteine des Internets bilden.

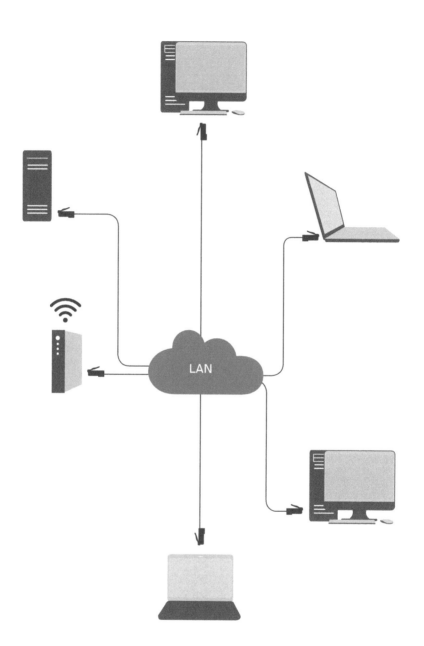

LAN – Grundbaustein des Internets

Kaum ein Rechner steht noch für sich. Wie gelingt es, tausende davon zu einem großen Netzwerk zusammenzuschließen? Die LAN-Technologie macht es möglich.

Das Internet ist eine mittels Software (der Kommunikationsprotokolle) erzeugte Illusion eines einheitlich zusammenhängenden Netzwerks. Die Grundbausteine dafür sind die lokalen Computernetzwerke, die so genannten „Local Area Networks" oder LANs.

Wie der Name schon sagt, ist ein LAN ein Netzwerk, das Rechner und andere Geräte in enger räumlicher Nachbarschaft – lokal – miteinander verbindet. LANs können sich von wenigen Metern bis zu einem Umkreis von mehreren hundert Metern erstrecken, wir kennen sie als Home-Netzwerke, als WLANs oder als Firmennetzwerke. LANs sind private Netzwerke, jeder kann sich ein solches Netzwerk einrichten, ohne einen Antrag zu stellen oder eine Lizenz erwerben zu müssen. Im Gegensatz zu Punkt-zu-Punkt-Verbindungen nutzen alle Rechner des LAN eine gemeinsame Netzinfrastruktur, was die Effizienz bei der Nutzung der Infrastruktur für die Datenübertragung erhöht. Um einen Rechner an ein LAN anzuschließen, braucht man spezielle Hardware – so genannte Netzwerkkarten.

Selbst die Koordinierung von Datenübertragung und Datenempfang für wenige Rechner in einem LAN ist nicht trivial. Zur Datenübertragung in einem lokalen Netzwerk hat sich das „Broadcasting"-Prinzip durchgesetzt. Dabei werden wie bei Rundfunk und Fernsehen die Datenpakete gleichzeitig an alle Rechner gesendet. Damit die am

© Der/die Autor(en), exklusiv lizenziert durch
Springer-Verlag GmbH, DE, ein Teil von Springer Nature 2021
C. Meinel und M. Asjoma, *Die neue digitale Welt verstehen*,
https://doi.org/10.1007/978-3-662-63701-2_5

LAN angeschlossenen Rechner wissen, für wen das Datenpaket bestimmt ist, muss jedes Datenpaket sowohl mit einer Absenderinformation als auch mit einer Empfängeradresse ausgestattet werden. Bei jedem empfangenen Datenpaket muss der Rechner (beziehungsweise seine Netzwerkkarte) prüfen, ob die Adresse des Datenpakets die eigene ist. Wenn ja, verarbeitet er das Paket. Wenn es an einen anderen Rechner adressiert ist, verwirft er es.

Jeder Rechner (genauer: jede Netzwerkkarte) hat in einem LAN eine eigene, im Netzwerk eindeutige Adresse, sonst kann die Kommunikation innerhalb des Netzwerks nicht funktionieren. Adressen sind dabei je nach verwendeter Netzwerktechnologie normierte Zeichenfolgen. Falls ein Rechner mit mehreren Netzwerken verbunden ist, muss er an jeder Netzwerkschnittstelle über eine eigene Adresse verfügen. Die Netzwerkkarten fungieren jedoch nicht nur als „Türsteher", die entscheiden, welches Datenpaket hineindarf und welches nicht, sie verschicken ihrerseits auch Datenpakete an die anderen Netzteilnehmer. Dazu statten sie die Pakete mit der jeweiligen Adressinformation aus. Datenpakete können dabei an Individualadressen für eindeutig bestimmte Einzelrechner adressiert werden, an so genannte Multicast-Adressen, also an gemeinsame Gruppenadressen für mehrere Rechner oder an die Broadcast-Adresse – das heißt an alle Rechner des LANs.

Die eindeutigen Adressen der Netzwerkschnittstellen werden auch MAC-Adressen (Media Access Control) genannt. Diese sind entweder statisch durch den Hersteller der Netzwerkkarten bestimmt und global einzigartig, oder sie werden durch die Administratoren eines LAN wie zum Beispiel in einem Firmennetzwerk selbst konfiguriert. Auf einem dritten Weg kann die Netzwerkkarte bei jedem Neustart dynamisch eine neue MAC-Adresse generieren und diese nach einem Check (Ist die Adresse im LAN noch frei?) nutzen. Natürlich müssen sich die Adressen und die Adresstypen an einem gemeinsamen, international festgelegten Standard orientieren. Im Fall der LANs ist dieser Standard vom US-amerikanischen Institute of Electrical and Electronics Engineers (IEEE) im 802-Adressschema festgelegt. Er schreibt eine MAC-Adresslänge von entweder 16 oder 48 Bit vor.

Lokale Netzwerke stoßen immer auf das Problem, dass mit größer werdender Entfernung die (Broadcasting-)Signalstärke schwächer wird. Egal, ob es sich um Kupfer- oder Glasfaserleitungen handelt oder die Übertragung drahtlos geschieht, die physikalischen Widerstände schwächen die Kommunikationssignale zwischen den einzelnen Netzwerkrechnern mit zunehmendem Abstand ab. Um dem entgegenzuwirken, können verschiedene LAN-Erweiterungselemente ins Spiel kommen.

LAN-Repeater beispielsweise können nach bestimmten Entfernungen in Kupfer- und Glasfaserleitungen eingesetzt werden, um die sich abschwächenden Signale wiederaufzufrischen. Mit so genannten Hubs können LAN-Segmente miteinander verbunden werden bei Nutzung des gleichen Übertragungsmediums. Vermittels optischer Modems können mehrere kupferkabelbasierte Netzwerke auch über eine längere Distanz mit Glasfaserleitungen verbunden werden. Die hierbei zur Übertragung verwendeten Lichtsignale schwächen sich weniger stark ab als die elektrischen Signale in den kupferkabelbasierten Netzwerken. So können beispielsweise zwei Firmengebäude auch über eine größere Distanz in einem LAN verbunden werden. Mit Hilfe von Switches kann man verschiedene LAN-Segmente miteinander verbinden, die dann trotz jeweils eigener Broadcasting-Bereiche miteinander kommunizieren. Mit Bridges hingegen können auch technologisch verschiedene LANs mit ihren je eigenen Standards verbunden werden. Sie helfen zudem, die

Lastverteilungen zwischen Netzwerken zu koordinieren sowie einzelne LAN-Bereiche zum Beispiel aus Sicherheitsgründen abzukapseln. Bridges sind dabei eigene Rechner mit Netzwerkhardware, die die „Sprachen" aller Netzwerke verstehen, die sie verbinden.

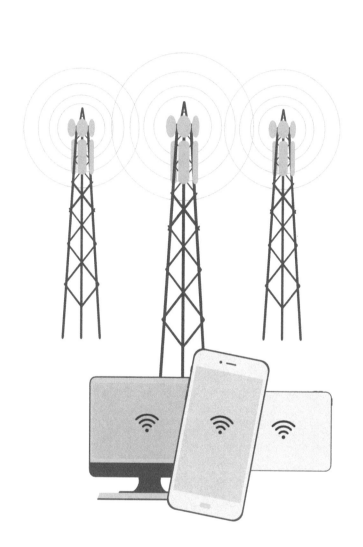

WLAN – Netzwerk im Äther

Im Grunde ist ein WLAN ein LAN ohne Kabel. Doch der Teufel steckt im Detail. Wie wird verhindert, dass alle gleichzeitig reden und keiner mehr zuhören kann?

Bis Ende des 19. Jahrhunderts nahmen Naturwissenschaftler an, der „Äther" würde alle Dinge der Welt verbinden und die Wirkungen zwischen diesen vermitteln. In der modernen Physik ist von jener geheimnisvollen, geradezu magisch anmutenden Substanz zwar nichts mehr übriggeblieben, eine Art Renaissance feiert sie trotzdem: Als Metapher kann der Äther tatsächlich hilfreich sein, um das Wirken von heutigen Funk- und Cloud-Netzwerken zu erklären. Von jenen Netzen also, die es möglich machen, sich per Mobilfunk und WLAN, auch WiFi genannt, ohne großen Aufwand mit Laptop, Tablet oder Smartphone zu vernetzen.

Dem Prinzip nach unterscheiden sich LANs (Local Area Networks) und WLANs (Wireless Local Area Network) lediglich darin, dass Ersteres nach Kabeln verlangt und Letzteres nicht. Im gleichen Maße, wie der Wechsel des Trägermediums die Internetanbindung im Alltag vereinfacht, verkomplizieren sich die dafür notwendigen Mechanismen. Da es keine direkten Verbindungen zwischen den einzelnen Geräten im Netzwerk mehr gibt, wird mit zusätzlichen Verfahren erreicht, dass trotzdem eine reibungslose Verbindung zwischen den einzelnen Endgeräten und den mit dem Internet verbundenen Netzwerken ermöglicht wird.

Auch wenn WLANs erst in jüngster Zeit flächendeckende Verbreitung gefunden haben, wurden Funk- anstelle

37

von Kabelverbindungen schon in der Anfangszeit des Internets genutzt. So sollten 1971 die Inseln Hawaiis in einem Netzwerk zusammengeschlossen werden. Um sich die Verlegung von Kabeln zu den Hauptinseln zu ersparen, wurde die erste kabellose Verbindung mit einer Übertragungsrate von 9,6 Kilobit pro Sekunde, das so genannte ALOHAnet, installiert. Kabellose Netzwerke funktionieren dabei nach der „Sternentopologie" mit einem „Access Point" in der Mitte, von dem aus Funksignale in alle Richtungen ausstrahlen. Damit sich WLAN-Geräte im Netzwerk ansprechen und verstehen können, werden wieder Adress-, Datentransport- und Sicherungsverfahren gebraucht, die von der IEEE (Institute of Electrical and Electronics Engineers) in dem IEEE 802.11-Standard definiert wurden. Alle diese Protokolle sind in WLAN-Router eingebaut, wobei solche WLAN-Router typischerweise als All-in-one-Geräte aus einem Router, Switch und Access Point bestehen.

Ebenso wie in klassischen kabelbasierten Netzwerken werden in WLANs Broadcast-Kommunikationsprotokolle genutzt, um den angeschlossenen Geräten den Austausch von Nachrichten zu ermöglichen. Nachrichten werden in Funksignale kodiert ausgesendet, und jedes empfangsbereite Gerät in Reichweite der Funksignale kann diese dann empfangen und zurückübersetzen. Allerdings unterschieden sich die Regeln und Fehlerbehebungsmechanismen, wie in kabellosen Netzwerken mit Kollisionen von Datenpaketen umgegangen wird, von denen in kabelbasierten Netzen. Sie sind auf die spezielle Natur der Funkverbindungen und die bei Funkübertragungen auftretenden Störungen und Fehler zugeschnitten.

Fehlern in WLANs, die mit der beschränkten Reichweite von Funksignalen zusammenhängen, können anhand der Abbildung 2 illustriert werden. A, B, C und D stellen jeweils WLAN-Access-Points und deren Reichweiten dar.

Abb. 2: Schematische Darstellung eines WLAN-Verbunds

Das „Hidden-Station-Problem" beschreibt, wie Datenströme kollidieren, weil wegen der beschränkten Über-
tragungsreichweite im WLAN nicht jeder Rechner
mitbekommt, dass ein anderer gerade sendet (Carrier-
Sensing). So kann A wahrnehmen, dass B sendet, aber
nicht, dass C sendet, während C zwar eine laufende
Datenübertragung von B wahrnimmt, aber nicht eine von
A. Wenn A nun Daten an B sendet und auch C Daten an B
schickt, dann kollidieren diese mit den von A ausgesand-
ten Daten und (zer)stören sich gegenseitig. Um das zu
verhindern, wird das CSMA/CD-Verfahren (Carrier-Sen-
se Multiple Access with Collision Detection) angewendet,
um Kollisionen von Datenpaketen zu verhindern. Wenn A
Daten senden möchte, dann stellt es zunächst eine Anfrage an B, und B bestätigt die Vorabanfrage und teilt die
dazugehörige Bestätigung mit allen anderen im Über-
tragungsbereich des Netzwerks befindlichen Geräten, so
dass diese wissen, dass gerade eine Datenübertragung
stattfindet, und deshalb warten, bis diese beendet ist.
    Gemäß diesem WLAN-spezifischen Kollisionsverhin-
derungsmechanismus im Datenübertragungsprotokoll
können nur noch Anfragen zur Datenübertragung und
Bestätigungen kollidieren, aber nicht mehr die eigentlich

zu versendenden Nachrichten. Wenn eine Kollision der Anfragen stattfinden sollte, dann warten A und C einfach eine jeweils zufällige Zeitspanne und senden ihre Sendeanfrage erneut ab, so dass sie sich nicht mehr in die Quere kommen.

Eine weitere, sehr verbreitete Schwierigkeit in WLAN-Netzwerken, ist das „Exposed-Station-Problem". Hier kann D nicht mit seinem direkten Nachbar C kommunizieren, weil C die Bestätigung einer Anfrage von A nach B gehört hat und sich im Wartemodus befindet. Obwohl weder C noch D etwas mit der Datenübertragung von A und B zu tun haben, kann kein Datentransport zwischen C und D stattfinden. Um das zu verhindern, wird eine weitere Protokollerweiterung eingeführt, die als MACAW (Multiple Access with Collision Avoidance for Wireless) bezeichnet wird. Wenn D eine Anfrage an C sendet und C eigentlich im Wartemodus ist, kann C nach diesem Verfahren ein Signal senden, mit dem es prüft, ob D an der Datentransmission von A und B beteiligt ist. A und B können nicht antworten, da sie bereits Daten austauschen, aber D antwortet, dass es bereit ist, Daten zu empfangen. Nun kann das übliche Verfahren zwischen C und D starten, obwohl sich C eigentlich im Wartemodus befindet. Diese Technik spart in WLAN-Netzen Bandbreite, da man mit ihr vermeidet, dass an einer laufenden Datenübertragung unbeteiligte Geräte unnötig warten müssen.

Zusammen mit den spezifischen Übertragungsproblemen in WLANs waren auch WLAN-spezifische Sicherheitsfragen zu klären. Um unbefugt in ein kabelbasiertes LAN einzudringen, ist es notwendig, einen physischen Kontakt zum Netzwerk, also eine Kabelverbindung, herzustellen. Das ist in einem WLAN nicht notwendig. Hier reicht es aus, einen Rechner im Funkbereich des Netzwerks zu platzieren. Um unbefugten Zugang zu verhindern, wurde ein Sicherheitsprotokoll, das WEP (Wired Equivalent Privacy), entwickelt. Gemäß diesem Protokoll wird der Funkverkehr mit einem den regulären Teilnehmern bekannten Schlüssel geschützt. Ohne diesen Schlüssel kann sich ein unbefugter Rechner nicht mit dem WLAN verbinden. Heute gilt dieser Verschlüsselungsstandard allerdings als viel zu schwach, so dass neue Protokolle wie WPA beziehungsweise WPA2 genutzt werden, die auf einer deutlich sichereren AES-Verschlüsselung (Advanced Encryption Standard) basieren. Daneben ist auch das WPS-Protokoll (Wi-Fi Protected Setup) im Einsatz, bei dem ein PIN generiert wird, um den Zutritt zu einem WLAN weniger kompliziert zu gestalten. Allerdings ist auch dieser Standard ebenso wie WEP leicht zu knacken, indem in einer „Brute-Force-Attacke" einfach alle möglichen PINs durchprobiert werden.

WAN – Nervensystem des Internets

Weitverkehrsnetzwerke bestehen aus Millionen verteilter Netzknoten. Aber eine genaue Karte ihres Aufbaus gibt es nicht. Wie kommt die Information trotzdem ans Ziel?

Das Internet als Illusion eines einheitlichen Netzes und Informationsraums basiert auf der intelligenten Verknüpfung einer Vielzahl verschiedener vernetzter Systeme. Das können lokale kabelbasierte (LAN), kabellose (WLAN) Netzwerke oder auch einzelne Rechner sein. Man kann es gut mit dem menschlichen Körper vergleichen, der von außen ebenfalls so aussieht, als wäre er eine solide Einheit. In Wahrheit verbirgt sich in ihm aber ein komplexes Universum an Organen, Stoff- und Informationswechselsystemen. Wenn man bei dieser Analogie bleibt, dann entsprächen den lokalen Netzwerken die menschlichen Organe, die jeweils ihre eigene Funktionalität haben. Damit diese aber korrekt arbeiten können, braucht es die Koordination mit den anderen Organen – zum Beispiel mit Hilfe des Nervensystems. Sein Pendant in der Welt des Internetworking wären die Weitverkehrsnetze, die Wide Area Networks (WAN).

Warum solche Weitverkehrsnetzwerke gebraucht werden, wird offensichtlich, wenn man bedenkt, was es bedeuten würde, wenn Informationen wie in lokalen Netzwerken nach dem „Broadcast-Prinzip" übertragen werden würden. Dann würden in einem Netzwerk mit Milliarden weltweit verteilter Hosts alle Rechner ihre Daten an alle übrigen Rechner versenden, auch wenn die Nachricht nur für einen einzigen von diesen bestimmt ist. Eine heillose Überlastung des Netzes mit

43

hundertmillionenfach redundanten Daten wäre die Folge. Deshalb ist es nützlich – im Netz wie im menschlichen Körper – über ein Nervensystem zu verfügen, das die Informationen der einzelnen Organe so verteilt, dass die richtigen Daten beim richtigen Organ ankommen und nicht alle Organe bei jeder Interaktion beteiligt werden müssen.

Im menschlichen Körper verwandeln Schnittstellen biochemische Signale in elektrische Signale, die blitzschnell über das Nervensystem verarbeitet werden und sich wieder in biochemische Signale im Empfängerorgan materialisieren. Es geht bei Weitverkehrsnetzen also um zweierlei: erstens um die Datenvermittlungseffizienz und zweitens um die Übertragungsgeschwindigkeit. Aus diesen Gründen bestehen WANs kabel- oder funkbasiert aus Hochgeschwindigkeitsverbindungen, die verschiedene lokale Netzwerke an unterschiedlichen Standorten verbinden. Genauso wie in LANs werden zu versendende Nachrichten in kleine Datenpakete zerlegt und dann einzeln übertragen. Im Unterschied zur Übertragung der Datenpakete in den LANs, wo diese ja an jeden anderen Rechner des LANs versendet werden (Broadcast-Modus), werden die Datenpakete im WAN, also zwischen den verschiedenen LANs, gezielt adressiert versendet und zugestellt. Dafür sind in einem WAN so genannte Router oder Paketvermittler zuständig, also Rechner, die speziell für diese Aufgabe optimiert sind.

Damit ganz unterschiedliche LANs über ein WAN erreicht werden können, braucht es gemeinsame Standards bei der Adressierung der einzelnen lokalen Netzwerke und ihrer Rechner. Diese müssen aber im Gegensatz zu den Adressen innerhalb eines LANs auch auf globaler Ebene eindeutig sein. Deshalb werden bei WANs hierarchische Adressen verwendet, die aus einem Adresspräfix bestehen, das ist ein eindeutiger Name des LANs, und einem Adresssuffix, der den einzelnen Rechner innerhalb des LANs eindeutig identifiziert. In Abbildung 3 ist schematisch ein WAN dargestellt, das aus vier LANs aus den Routern R1 bis R4 besteht. Die Nummern entsprechen den Namen der LANs, zu denen der Router gehört. Bei den LANs 1 und 3 sind jeweils drei weitere lokale Rechner eingezeichnet. Die WAN-Adresse des Rechners 3 im LAN 1 ist nach der hierarchischen Adresslogik das Paar (1,3). Das Präfix kennzeichnet das LAN, der Suffix den Rechner. (3,1) bezeichnet demnach Rechner 1 im LAN 3, (1,2) den Rechner 2 im LAN 1 und so weiter.

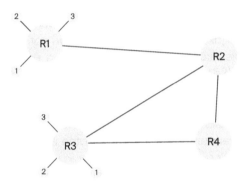

Abb. 3: Schematische Darstellung eines WAN

Wie nutzt das System nun die eindeutigen WAN-Adressen, um Datenpakete vom Senderechner zum Zielrechner zu transportieren? Im einfachsten Fall kommunizieren die zwei Rechner innerhalb eines LANs miteinander, zum Beispiel die Rechner (1,1) und (1,2). Dann erfolgt das über den üblichen LAN-Broadcast, die Router brauchen nicht involviert werden. Das System erkennt das sofort am gleichen Präfix der beiden WAN-Adressen.

Wenn aber ein Datenpaket von einem Rechner in einem LAN zu einem anderen Rechner in einem anderen LAN gesendet werden soll, dann treten die Router in Aktion. Wie im Schaubild gezeigt, ist dabei nicht jedes LAN direkt mit jedem anderen verbunden. Deshalb muss ein Datenpaket, das von einem Rechner aus LAN 1, zum Beispiel von (1,1), an einen Rechner im LAN 3, zum Beispiel (3,2) gesendet werden soll, über Router R2 vermittelt werden.

In der Realität ist das alles natürlich viel komplexer, da die Millionen von Netzwerken ganz unterschiedlich miteinander vernetzt sind. Es gibt keine vorgefestigte Struktur, jeder kann sein Netzwerk über einen Internet Service Provider an den Netzverbund anschließen. Da es also keine „Landkarte" gibt, auf der man den optimalen Weg bestimmen könnte, erfolgt der Transport des Datenpakets durch den Netzverbund nach dem Prinzip des „Next-Hop-Forwarding": Jeder auf dem Transportweg erreichte Router entscheidet neu, an welchen der benachbarten Router er das Datenpaket weitersendet, damit es das Zielnetzwerk und dort den Adressaten auf einem (möglichst) optimalen Weg erreicht. Jeder Router verfügt dazu über eine eigene Routing-Tabelle, auch Next-Hop-Tabelle genannt, in der ihm zu jeder Zieladresse anzeigt wird, an welchen Nachbarrouter er das Datenpaket zu senden hat. Die vollständige Tabelle aller Routinginformationen für das Beispiel-WAN in Abbildung 3 ist in Abbildung 4 dargestellt.

Wenn nun ein Datenpaket von (1,1) an (3,2) gesendet werden soll, dann empfängt Router R1 das Datenpaket über den Broadcast im LAN 1. Router R1 checkt die Zieladresse und entnimmt seiner Routingtabelle den Namen des Routers R2, an den er das Datenpaket weiterleitet. R2 empfängt das über das LAN 2 empfangene Paket, überprüft die Zieladresse, schaut in seiner Routingtabelle nach

Routingtabelle von R1		Routingtabelle von R2	
1	–	1	R1
2	R2	2	–
3	R2	3	R3
4	R2	4	R4
Routingtabelle von R3		Routingtabelle von R4	
1	R2	1	R2
2	R2	2	R2
3	–	3	R3
4	R4	4	–

Abb. 4: Routingtabelle für WAN in Abbildung 3

und sendet das Paket an Router R3. Router R3 empfängt das Datenpaket und erkennt, dass der Adressat (3,2) zu seinem LAN 3 gehört und schickt es nach dem Broadcast-Verfahren über LAN 3. Rechner 2 empfängt wie alle anderen Rechner von LAN 3 das Paket, erkennt, dass es für ihn bestimmt ist, und führt es einer Bearbeitung zu. Auch in einem deutlich komplexeren WAN werden die Daten so über zig Router auf den kürzesten Weg zum Zielsystem transportiert.

Um noch einmal auf das Bild des Nervensystems zurückzukommen, sorgt ein WAN so dafür, dass die für ein Organ bestimmten Daten dieses tatsächlich und auf effizientem Wege erreichen.

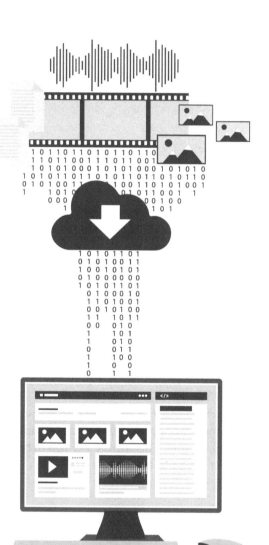

Wie kommen unsere Medien in den Computer?

Damit Texte, Bilder oder Videos ins Digitale gelangen, braucht es eine Übersetzung mit der richtigen Kodierung. Aber der Benutzer soll davon nichts mitbekommen.

Für die meisten Menschen ist ein Computer auch heute noch eine magische Blackbox. Ähnlich wie beim Internet ist das, was wir auf dem Bildschirm sehen, immer nur das Resultat einer langen Kette interner Berechnungsabläufe, die unsichtbar und für die Meisten unfassbar im Computer ablaufen. Beim Internet besteht die Illusion darin, dass es sich um ein einzelnes Netz handelt, während es in Wahrheit aus Millionen von Netzwerken besteht, die vermittels komplexer Internetprotokolle miteinander kommunizieren. Wenn wir uns Bilder oder Videos über das Internet auf den Computer laden oder dort offline anschauen, sehen wir als Resultat Pixelmatrizen, die in einer komplexen Abfolge von Kodierungs-, Komprimierungs- und Dekodierungsverfahren erzeugt wurden und die uns das Medium einheitlich und ungeteilt erscheinen lassen. Damit die Illusion der Ganzheitlichkeit von Text-, Bild-, Audio- und Videodaten in Erscheinung treten kann, braucht es digitale Übersetzungsmechanismen, die als Informationskodierung bezeichnet werden.

Die grundlegende Schwierigkeit bei der Übersetzung von Texten, Sprache, Tönen und Videos ins Digitale besteht darin, die kontinuierlichen analogen Signale so gut wie möglich in diskrete (eindeutige abzählbare) digitale Informationen zu übersetzen, denn nur solche können

49

Computer handhaben und verarbeiten. „Medien" in der realen Welt sind durch ihre physikalischen Merkmale charakterisiert. Töne beispielsweise bestehen aus einem komplexen Zusammenspiel von Schallwellen, die sich in der Atmosphäre verbreiten, unsere Sinnesorgane erreichen und dort verarbeitet werden. Die Merkmale dieser Schallwellen entscheiden über die Lautstärke, die Tonhöhe und den Klang des Tons. Ein Computer kann solche Schallwellen natürlich nicht in der Weise wahrnehmen wie der Mensch. Computer „verstehen" nur Binärsprache, und so müssen Töne, die von Computern aufgenommen, gespeichert, verarbeitet oder wiedergegeben werden sollen, zuvor in die Sprache der Bits und Bytes übersetzt werden. Gleiches gilt für Texte, Bilder oder Videos. Jeder Buchstabe, jeder Ton, jede Farbe muss eine Entsprechung in einer Folge aus Nullen und Einsen finden, damit diese im Smartphone oder im Computer verarbeitet werden können.

Physikalisch realisiert wird diese binäre Kodierung durch Abfolgen von abrupt wechselnden physikalischen Signalen – Strom fließt / Strom fließt nicht, Lichtimpuls / kein Lichtimpuls, und so weiter – und werden dann in einem Computer(-schaltkreis) verarbeitet. Ein Computer versteht diese binären Signale als Folgen von Nullen und Einsen. Um binär-kodierte digitale Medien wieder für Menschen wahrnehmbar zu machen, müssen die digitalen Signale wieder dekodiert und über Medienausgabegeräte, wie Bildschirme oder Lautsprecher, in analoge Signale umgewandelt werden.

Wenn man nun Medien, also Töne, Bilder oder Videos, in digitale Signale übersetzen will, muss man zunächst zwei unterschiedliche Typen von Medien unterscheiden: Zum einen gibt es Medien, die sich über den Zeitverlauf nicht verändern, das heißt statisch sind, wie zum Beispiel Texte oder Bilder. Zum anderen gibt es aber auch Medien, die einen bestimmten Zeitverlauf brauchen, um verständlich zu werden, wie Musik oder Videos. So präsentiert sich ein Song oder ein Videoclip vollkommen anders im Zeitraffer oder bei Zeitdehnung.

Der einfachste Fall einer Informationskodierung lässt sich am Beispiel von aus einzelnen Buchstaben und Satzzeichen gebildeten Texten betrachten. Der Buchstabe „A" muss, um von einem Computer verarbeitet werden zu können, in eine Folge von Nullen und Einsen übersetzt werden. Dafür braucht es standardisierte Übersetzungstafeln, die genau definieren, welche Binärfolge für welchen Buchstaben oder welches Satzzeichen steht. Die Codierung lässt sich gut mit dem Morsecode vergleichen, aus dem sich die Binärcodierung übrigens auch entwickelt hat.

Die Übersetzungstafeln sind die Binärcode-Standards. Einer der wichtigsten ist dabei der ASCII-Code (American Standard Code for Information Interchange), der sieben Bits verwendet, um die einzelnen Buchstaben und Satzzeichen zu codieren. Bei einer 7-Bit-Codierung stehen insgesamt $2^7 = 128$ verschiedene Bitfolgen zu Verfügung, um ein Zeichen abzubilden. Die Tabelle des ASCII-Codes weist nun sämtlichen Groß- und Kleinbuchstaben des englischen Alphabets, allen Ziffern sowie zahlreichen Sonderzeichen einen 7-stelligen Binärcode zu. Damit ist der ASCII-Code gut geeignet, englische Texte in Abfolgen von Digitalsignalen zu übersetzen. Im Fall des Großbuchstabens „A" lautet die binäre Schreibweise zum Beispiel „1000001". Um das kompakter aufschreiben zu können, werden die Binärfolgen als Zahlen im Dezimalsystem notiert und als Dezimalzahl aufgefasst. Für den Großbuchstaben „A" lautet die Dezimalschreibweise der als Binärzahl aufgefassten Bitfolge 1000001:

$$1*2^6 + 0*2^5 + 0*2^4 + 0*2^3 + 0*2^2 + 0*2^1 + 1*2^0 = 65$$

In der ASCII-Codierungstabelle erscheint der Großbuchstabe A also an 65. Stelle.

Wenn nun mehr als 128 Zeichen kodiert werden sollen – nicht jede Sprache verwendet ja das lateinische Alphabet –, braucht man längere Bitfolgen zur Kodierung der verschiedenen Zeichen. So verwendet der ISO 8859-Standard eine Folge von acht Bits und kann somit bis zu 28 = 256 verschiedene Zeichen codieren. Der Zeichenvorrat umfasst hier alle ASCII-Zeichen, weitere Sonderzeichen sowie Zeichen des kyrillischen und thailändischen Alphabets. Das reicht aber nicht aus für chinesische Texte. Es gibt insgesamt etwa 87 000 chinesische Schriftzeichen. Nicht nur für deren Übersetzung in Binärcode wurde der so genannte Unicode UTF-32-Standard (Universal Transformation Formats) entwickelt. Hier stehen (bis zu) 32 Bits zur Codierung zur Verfügung, womit theoretisch fast 4,3 Milliarden Zeichen kodiert werden können.

Mit dem UTF-32-Standard können auch multimediale Daten wie Audio- und Videodaten codiert werden. Um diese schiere Menge an Codes zu managen und das kodierte Medium in einer für Menschen angemessenen Weise im Browser darzustellen, braucht es spezielle Programme, die diese Dekodierung ausführen. Diese werden als „Codecs" bezeichnet. Sie kodieren und dekodieren analoge Signale nach dem UTF-Standard und ermöglichen es uns, analoge Daten digital und digitale Daten analog abzubilden.

Natürlich stellt sich angesichts der riesigen Menge von Codes und den dementsprechend extrem langen 0/1-Folgen die Frage nach einer Komprimierung. Wie lassen sich digitalisierte multimediale Daten effizient speichern und übertragen? Für solche Komprimierungen gibt es grundsätzlich zwei Ansätze:

1. **Verlustfreie Komprimierung:** Keine Information eines Datenstroms darf ausgelassen werden. In jeder Code-folge ergeben sich redundante Daten, also Wiederholungen gleicher Folgen. Eine Komprimierung kann erreicht werden, wenn man redundante Informationen verringert.

2. **Verlustbehaftete Komprimierung:** Absichtliches Weglassen von irrelevanten Informationen, beispielsweise von für den Menschen nicht wahrnehmbaren akustischen oder visuellen Frequenzen. So nimmt der Mensch es nicht wahr, wenn beispielsweise UV-Signale weggelassen werden, einfach, weil der Mensch UV-Strahlung nicht sehen kann.

Die immer umfänglichere Nutzung von digitalen Medien in unserem Alltag und der Berufswelt und die damit riesig anwachsende Masse an Bilder-, Musik- und Videodaten kann ohne gute Komprimierungsverfahren nicht bewältigt werden. Wie diese für die einzelnen Medientypen genau funktionieren, wird Inhalt der nächsten Kapitel sein.

Pixelcodes – BMP, JPEG, PNG und Co.

In der analogen Welt gibt es unendlich viele Formen, Farben und Gestalten. Im Digitalen gibt es nur Nullen und Einsen. Wie erreicht man, dass beides zusammenfindet?

Bilder gehören zu den wichtigsten Medien, die über das Web geteilt werden. Auf modernen Webseiten und auf Social-Media-Plattformen ist der Trend zu beobachten, dass Bilder Texte ablösen. Frei nach dem Motto: Ein Bild sagt mehr als 1000 Worte. Informationen werden über intuitiv zu verstehende Bilder übermittelt, anstatt über Texte, deren Erstellung als auch Erschließung langwieriger ist, ganz besonders dann, wenn auch Sprachbarrieren überwunden werden müssen. Nahezu alle Social-Media-Plattformen nutzen inzwischen Bilder als prioritäres Medium, und mit Instagram hat sich eine Plattform herausgebildet, die sich ausschließlich auf die Darstellung von Nachrichten durch Bilder spezialisiert hat. Memes, Instagram-Stories und Bildmanipulation durch Photoshop haben deshalb einen festen Platz in der Internetkultur.

Auch wenn es auf den ersten Blick so aussieht, als ob ein Text ein ganz anderes Medium ist als ein Bild, unterscheidet sich die digitale Kodierung von beiden in ihrem Prinzip nicht sonderlich stark. Bei der Informationscodierung von Texten ging es hauptsächlich darum, jedem Zeichen eine Entsprechung im Binärcode zu geben und so als Abfolge von Nullen und Einsen darzustellen. Jedes Zeichen steht für sich und kann einzeln codiert werden. Bilder dagegen bestehen nicht aus einzelnen Zeichen, sondern sind erst als Gesamtheit verschiedener Farben,

Muster und Helligkeiten sichtbar.

Bei analogen Bildern sind die Übergänge zwischen benachbarten Bereichen unterschiedlicher Farbe oder Helligkeit in aller Regel fließend. Zudem können praktisch unendlich viele Farbnuancen und Helligkeitsschattierungen auftreten. Um Bilder jedoch im Computer speichern und über das Internet übertragen zu können, müssen sie ebenfalls binär kodiert werden, also als Abfolge von Nullen und Einsen darstellbar sein. Um das zu bewerkstelligen, bedient man sich bei der Grafikkodierung eines Tricks. Zunächst legt man fest, wie viele Farb- und Helligkeitswerte überhaupt auftreten dürfen. Bei einem sehr simplen Bild kommt man vielleicht mit maximal 16 verschiedenen Farben aus, von denen dann jede eine Zahl zwischen 0 und 15 zugewiesen bekommt. Diese lässt sich problemlos als binäre Abfolge von Nullen und Einsen schreiben.

Im nächsten Schritt tut man so, also ob das Bild aus lauter gleich großen „Farbatomen" besteht. Dazu zerlegt man es mit Hilfe eines engmaschigen Rasters in Bildpunkte, die so genannten Pixel, und weist jedem davon genau einen der möglichen Farbwerte zu. Im Endresultat kann das Bild dann als simple Aneinanderreihung von Pixeln samt ihrer im Binärcode ausgedrückten Farbe dargestellt werden. Je nachdem über wie viele Pixel ein Bild dargestellt wird, ist es sehr scharf und realistisch oder eben „verpixelt", wie beispielhaft im Kapiteleingangsbild dargestellt.

Es ist klar, dass die Speicherung von Informationen über jeden einzelnen Bildpunkt, ein so genanntes Bitmap-Format (BMP), sehr viel Speicherplatz verbraucht. Daher ist es für die Nutzung digitaler Bilder sinnvoll effiziente Komprimierungsverfahren zu nutzen. Durchgesetzt haben sich allseits bekannte Formate wie JPEG (Joint Photographic Experts Group), PNG (Portable Network Graphics) oder TIFF (Tagged Image File Format).

Abb. 5: Übersetzung von analogen in digitale Bildinformationen

Eine Grundidee der Komprimierung von Grafikdateien besteht darin, ähnliche benachbarte Farbpixel zu größeren einfarbigen Flächen zusammenzufassen. So kann man sich beispielsweise in Abbildung 5 die Kodierung jedes einzelnen weißen Pixels in der oberen Reihe sparen und einfach den ersten weißen Bildpunkt beschreiben und dann vermerken, wie oft dieser wiederholt wird. Die Kodierung der ersten Reihe wäre dementsprechend: Pixel weiß, Wiederholung 25-mal in erster Reihe; Pixel weiß, Wiederholung 13-mal in der zweiten Reihe. Und erst an Stelle 14 der zweiten Reihe würde ein Pixel mit neuem Farbwert folgen. Das benötigt natürlich viel weniger Speicherplatz als dieselbe Information („weiß") 38-mal zu speichern. Tatsächlich lassen sich mit diesem Verfahren bereits sehr gute Komprimierungserfolge erzielen, insbesondere bei Schwarzweißaufnahmen oder Bildern mit großen, gleichfarbigen Flächen.

Ist man bereit, einen gewissen Informationsverlust hinzunehmen, zum Beispiel, dass Farben minimal anders dargestellt werden als im ursprünglichen Bitmap-Bild, kann man sehr viel stärker komprimieren. Bei der Komprimierung im JPEG-Format werden mittels komplexer mathematischer Verfahren Farbverläufe innerhalb sehr enger Toleranzschwellenwerte verändert, um sie zu einheitlichen Farbflächen zusammenfassen zu können. Damit lässt sich der Speicherbedarf eines Bildes mitunter um den Faktor 5 verringern, ohne dass große Qualitätsverluste auftreten. Komprimiert man noch stärker, treten zunehmend Störungen in Erscheinung, wie im Kapiteleingangsbild.

Eine weitere Form der Kodierung und Komprimierung, die sich insbesondere für Grafiken und weniger für Fotografien eignet, liefert die Darstellung als Vektorgrafiken. Bei dieser Technik wird das Bild vermittels geometrischer Grundformen (Punkten, Linien, Flächen, Kurven, Polygone und so weiter) beschrieben. Anstatt Bildpunkte zu speichern, werden hier die geometrischen Formen mathematisch beschrieben, aus denen sich die Grafik zusammensetzt und mit Attributen wie Farben, Linienstärke, Helligkeit und so weiter versehen. Das verbreitetste Vektorgrafikformat ist SVG (Scalable Vector Graphics). Vektorgrafiken haben den Vorteil, dass sie die Bildinformation nicht nur komprimieren, also wenig Speicher verbrauchen, sondern auch, dass sie beliebig stark vergrößert oder verkleinert werden können: Da sie nicht aus einer festgelegten Zahl von Pixeln bestehen, können sie nicht „verpixeln".

Die Repräsentation eines ganzheitlichen analogen Bildes gelingt im Digitalen nur mit Hilfe digitalisierbarer Beschreibungen – seien es Pixel oder einfache geometrische Formen. Wie leistungsfähig die angewandten Kodierungs- und Komprimierungsverfahren auch sein mögen, man darf nie vergessen, dass es sich immer nur um Annäherungen an das analoge Bild handelt. Jede digitale Repräsentation eines Bildes ist somit bereits auf technischer Ebene eine Reduktion und Manipulation, die dann mit modernen Bildbearbeitungsprogrammen noch deutlich weitergetrieben werden kann. Medienkritik im Web muss deshalb ihren Ausgangspunkt immer im Verständnis haben, dass digitale Bilder nicht die Realität selbst abbilden, sondern im besten Fall sehr gute digitale Annäherungen sein können und im schlimmsten Fall verfälscht, eventuell sogar mit manipulatorischer Absicht.

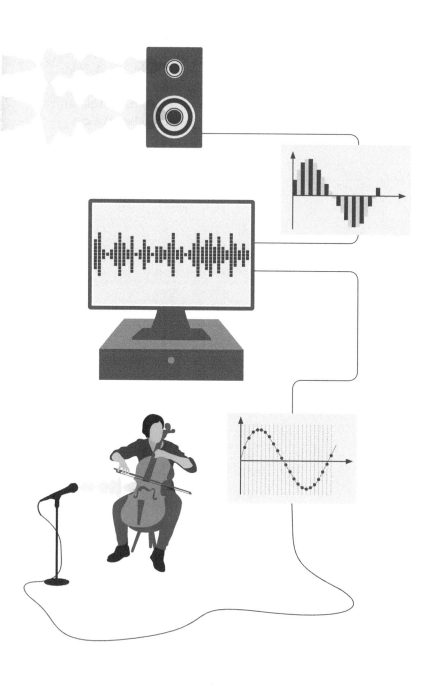

Wie Töne in den Computer kommen

Eigentlich sind Töne nur Druckschwankungen in der Luft. Damit der Computer damit etwas anfangen kann, muss das in Binärkodierung übersetzt werden.

Seit seiner Erfindung verändert das Web kontinuierlich unsere Lebenswelt, ja revolutioniert diese. Dabei ist es eigentlich nur ein großer, verlinkter Medienspeicher – der größte der Welt. Neben vielen textbasierten Informationen und Bilddaten enthält das Web inzwischen auch das umfassendste Repositorium von Musik und Klängen. Musikstücke lassen sich über das Internet hoch- und runterladen, Streaming-Dienste machen uns überall jeden im Web befindlichen Song zugänglich. Musik aus dem „Äther" zu holen, ist für viele zu einer Selbstverständlichkeit geworden. Tatsächlich ist es das Ergebnis hochkomplexer, im Hintergrund ablaufender Kodierungs- und Übertragungsmechanismen.

Damit Musik und analoge Klänge von einem Computer „verstanden" und übertragen werden können, müssen diese genau wie Texte oder Bilder zunächst in binären Mustern codiert werden, denn Rechner verstehen nur Nullen und Einsen. Es braucht deshalb Techniken, mit denen man die analogen Klänge in eine diskrete Abfolge von binären Codes transformieren kann. Im Unterschied zu statischen Daten wie Texten oder Bildern muss bei der Kodierung von Musik auch der zeitliche Verlauf der einzelnen Töne in der Kodierung exakt berücksichtigt werden. Audiodaten sind dynamische Daten. Trotz dieses Unterschieds bedient man sich auch bei der Kodierung von Tönen eines ganz ähnlichen Tricks wie bei der Bild-

61

kodierung. Klänge werden in ein homogenes Zeit- und Werteraster mit diskreten Werten transformiert. Und wie bei der Kodierung von Bildern wird bei der Abbildung von Klängen im digitalen Raum die Realität reduziert. Zeit ist ein kontinuierlicher Prozess und keine Abfolge aus „Zeitatomen", aber genau diese Reduktion ermöglicht es, für jedes dieser Zeitatome einen eindeutigen Zeit- und Ton-Wert zu bestimmen und zu kodieren. Natürlich müssen dabei die „Zeitatome" so dicht gewählt werden, dass diese Diskretisierung für das menschliche Ohr nicht wahrnehmbar ist.

Bei der Kodierung von Klängen geht man mehrstufig vor: Zunächst gilt es, die Eigenschaften von Schallwellen im physikalischen Raum zu verstehen. Töne ergeben sich aus wellenförmigen Verdichtungen und Verdünnungen von Luftpartikeln, die sich kontinuierlich ausbreiten, so ähnlich wie Wellenberge und -täler im Meer. In einem Lautsprecher werden diese Schallwellen dadurch erzeugt, dass eine Membran durch Schwingung die Luft vor sich staut und dehnt. Diese Stauungs- und Dehnungsmuster breiten sich im Raum aus und werden von uns als Klänge wahrgenommen. Der erste Schritt bei der Digitalisierung von Musik besteht also darin, diese Stauungs- und Dehnungsmuster „abzutasten"; das wird als Sampling bezeichnet. Beim Sampling kommt der erste Teil des Tricks zum Einsatz: Man definiert homogene Zeitintervalle von wenigen Millisekunden und misst den Zeitwert des kontinuierlichen Klangsignals nur an den Grenzpunkten dieser Intervalle. Das Zeitkontinuum wird so in Zeitatome eingeteilt. Aus einem Strom werden Punkte einer Kette mit einer bestimmten Abfolge.

Abb. 6: Definition von zeitdiskreten Tonwerten

Die Tonhöhen sind dabei zunächst weiterhin kontinuierlich und müssen dann in einem zweiten Schritt auf einer geeigneten Skala der Tonwerte diskreten Werten zugeordnet werden. Ein weiteres Diskretisierungsraster wird auf das kontinuierliche Signal gelegt, und die Tonhöhen werden den dort vorgegebenen Werten angeglichen. Man bezeichnet das als Quantisierung.

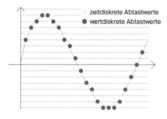

Abb. 7: Definition von wertdiskreten Tonwerten

Die blauen horizontalen Rasterlinien stellen die vorgegebenen diskreten Höhenwerte dar. Bei der Quantisierung wird die Tonhöhe auf den nächstliegenden oberen beziehungsweise unteren Höhenwert gerundet. In der Grafik zeigt sich, dass durch die vertikale Verschiebung der hellblauen (realen) kontinuierlichen Tonhöhenwerte in jedem Zeitpunkt hin zu den diskreten dunkelblauen Höhenwerten. Auch hier wird wieder deutlich, dass Audiokodierungen immer nur eine Annäherung – bei sehr feinen Diskretisierungsrastern auch extrem gute Annäherungen – an die kontinuierlichen Töne analoger Musik liefern können.

Abb. 8: Zeit- und wertdiskrete digitale Tonwerte

Die abgetasteten Zeitatome, die die eindeutige Tonhöheninformation beinhalten, können nun in (binäre) Zahlen umgewandelt und entsprechend codiert werden.

Bei der Umwandlung von kontinuierlichen Signalen in Zeit-Klang-Atome stellt sich genauso wie bei Bildkodierung über Pixel die Frage, wie genau die Intervalle gesetzt werden müssen, um den realen Klang so gut wie möglich digital abzubilden. Je kleiner die Zeit- und Tonhöhenintervalle sind, desto genauer werden die Töne digital abgebildet, gleichzeitig aber werden auch mehr Datenpunkte generiert, die kodiert und gegebenenfalls über das Internet übertragen werden müssen. Auch hier stellt sich also die Frage nach dem Trade-off zwischen Klangqualität und Speicherplatz. Dank verschiedener Verfahren wie beispielsweise der „Pulsecode Modulation" (PCM) gelingt es, die Intervalle so zu optimieren, dass Speicheraufwand und Tonqualität in guten Einklang gebracht werden.

Neben der Klangoptimierung ist die Datenkompression ein wichtiges Ziel. Bei der Bildkodierung nutzt man redundante Werte, die zusammengefasst werden, und Farbschwellenwerte, die es ermöglichen, größere einheitliche Farbflächen zu schaffen, um Informationen zu reduzieren. Bei der Audiocodierung setzt man darüber hinaus auf Erkenntnisse zur menschlichen Physiologie. Man kann messen, welche Töne und Tonhöhen überhaupt vom menschlichen Gehör wahrgenommen werden können. So kann das menschliche Gehör beispielsweise nur Töne wahrnehmen, die nicht sehr hoch oder sehr tief sind. Liegen die Tonhöhen außerhalb des menschlichen Hörbereichs, werden sie zur Informationsreduktion einfach gelöscht. Auch sind Menschen nicht in der Lage, bei Überlagerung neben lauten Tönen die leisen wahrzunehmen. Diese Eigenschaft des menschlichen Gehörs kann ebenfalls zur Informationsreduktion genutzt werden, ohne dabei die wahrgenommene Klangqualität zu beeinflussen.

Die so erstellten digitalen Audiodaten und -dateien werden in Datencontainern – Dateien mit verschiedenen Informationsformaten – ausgegeben, die unter anderem auch verschiedene Komprimierungsformate enthalten können. Zu den bekanntesten dieser Formate zählen das „WAV"-Format, das sämtliche Audioinformationen unreduziert speichert, und das „MP3"-Format, das Klänge für das menschliche Ohr (kaum) wahrnehmbar verlustbehaftet komprimiert.

Vom Daumenkino zum Videostreaming

Ein Video ist nichts anderes als eine gewaltige Folge von Bildern. Um die im Internet zu übertragen, braucht es Komprimierungen, die die Datenmengen auf ein handhabbares Maß reduzieren.

Das Fernsehen ist tot, lang lebe das Fernsehen! Es ist noch kaum 20 Jahre her, seit fernzusehen das gesellschaftliche Kollektiverlebnis war, bei dem sich Familien und Freunde vor der Flimmerkiste zusammenfanden, um sich im fest vorgeschriebenen Programmablauf von einer Hand voll Sender gemeinsam Filme, Serien und Shows anzuschauen. Seit dem Siegeszug des Web ist diese Kultur im Rückzug begriffen. Videos, Filme und Serien sind zu jeder Zeit und an jedem Ort über das Internet verfügbar. Zunächst im Download angeboten, später dann über niedrigschwellige Streamingdienste wurde das WWW zur größten Videothek der Welt, in der man jedes Video sehen kann, ohne sich vorschreiben zu lassen, wann und in welcher Reihenfolge das zu geschehen habe. Der ehemals passive Zuschauer wurde dank digitaler Technologien nicht nur zum Programmgestalter, sondern zunehmend selbst zum Produzenten multimedialer Daten und erster Formate von Videos 2.0. In „Bandersnatch", einer Folge der Netflix-Serie „Black Mirror", kann der Zuschauer zu bestimmten Zeiten die Handlung selbst bestimmen, kann Entscheidungen der Charaktere beeinflussen und damit die ganze Handlung ändern.

Multimediale Daten, und dabei vor allem Videos, sind zum primären Medium in den sozialen Medien geworden. Auch Nachrichten werden zunehmend als Video

67

versendet, und es gehört zum Familienalltag, mit den Kindern beziehungsweise den Eltern zu skypen oder Facetime-Unterhaltungen über das Internet zu führen. Influencer setzen sich auf Youtube in Szene und können damit Werbeeinnahmen generieren. Allein auf der Plattform Youtube werden jede Minute 400 Stunden Videomaterial hochgeladen. Tatsächlich: in jeder Minute 400 Stunden! Videos sind damit heute zum zentralen Kommunikationsmedium geworden.

Die Geschichte der Bewegtbilder reicht – über Zwischenstationen wie das Daumenkino – weit in die Vergangenheit zurück. Bereits analoge Videos erzeugen die Illusion einer kontinuierlichen Abfolge einer Handlung durch einen Effekt, der auf der Trägheit des menschlichen Auges basiert: Ab einer Bildrate von 25 Bildern pro Sekunde (eigentlich schon von 16 Bildern) nimmt unser Sehorgan eine kontinuierliche Bewegung statt einer Folge von Einzelbildern wahr. Daher laufen Videos in der Regel in einer Frequenz von 50 Hertz, liefern also 50 Bilder pro Sekunde (in den USA sind es 60 Hertz). Zusammen mit einer Tonspur, die mit dem Bewegtbild synchronisiert ist, entsteht der Eindruck eines einheitlichen multimedialen Erlebnisses.

Wie schon für Text-, Bild- und Audiokodierungen gilt auch für die Videocodierung: Die Leichtigkeit, mit der wir heute über diverse mit dem Internet verbundene Endgeräte auf die neuste Serie in HD- oder 4k-Qualität zugreifen können, verdeckt die Komplexität der dahinterliegenden technischen Abläufe. Die Videocodierung kombiniert die bereits besprochenen komplexen und ausgeklügelten Codierungs- und Komprimierungsverfahren für Grafik- und Audiodaten.

Die codierten und komprimierten Videodaten werden in „Container"-Dateien gespeichert, die typischerweise mehrere Datenformate beinhalten. Allgemein bekannte

Containerformate sind MP4, AVI und MKV. Diese Video-
container beinhalten typischerweise (mindestens) einen
Header sowie die Bewegtbild- und die Audiodaten. In
komplexeren Containern können zusätzlich Untertitel- (für
mehrere Sprachen), weitere Audio- (für Dubbing) und
Videospuren (für Video 2.0) enthalten sein.

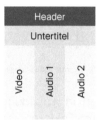

Abb. 9: Schematische Darstellung eines Multimedia-Containers

Wenn man bedenkt, dass bei Videos statt nur einem Bild
viele Millionen Bilder gespeichert werden müssen, ist klar,
dass der Informationskomprimierung besondere Bedeutung zukommt. Verschiedene Verfahren werden verwendet, um eine möglichst große Kompressionsleistung
bei möglichst geringem Qualitätsverlust zu erreichen.
Eine der wichtigen Quellen für Kompressionsverfahren ist
das „Subsampling". Hier nutzt man den physiologischen
Effekt, dass die menschliche Netzhaut Helligkeitsinformationen viel stärker wahrnimmt als Farbinformationen.
Jedes Bild wird aus Pixeln aufgebaut, in denen die jeweiligen Helligkeits- und Farbinformation kodiert sind. Durch
das selektive Weglassen von Farbinformationen in eng
benachbarten Pixeln lassen sich verschiedene Kom-
pressionsraten ohne einen merklichen Verlust an Bild-
qualität erzielen – das menschliche Auge kann das nicht
wahrnehmen.

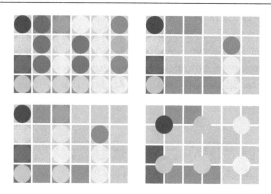

Abb. 10: Schematische Darstellung von Subsampling in Videobildern

Die Grafiken in Abbildung 10 zeigen unterschiedliche Subsampling-Faktoren. Jedes Quadrat stellt dabei einen Pixel dar, der Helligkeitsinformationen trägt. Nur jene Pixel, die mit farbigen Kreisen versehen sind, tragen außerdem noch Farbinformationen.

Oben links findet kein Subsampling statt. In jedem Pixel ist sowohl die Helligkeits- als auch die Farbinformation codiert. In der Grafik darunter wird Subsampling um den Faktor 2 angewendet, so dass man bereits merklich an Daten spart, die vom menschlichen Auge nicht wahrgenommen werden können. Das kann noch weitergetrieben werden, wie beim Subsampling um den Faktor 4 oben rechts. Hier werden Farbinformationen nur in jedem vierten Pixel gespeichert. Unten rechts kommt dann horizontales und vertikales Subsampling zur Anwendung, und es lassen sich weitere Daten reduzieren – dann aber bereits mit wahrnehmbaren Qualitätseinbußen.

Trotz aller ausgefeilten Kompressionsverfahren übersteigt bei Videos die Datenmenge die aller bisherigen Informationsquellen um mehrere Größenordnungen. Um ein Gespür dafür zu bekommen, welche Datenraten beim Videostreaming im Spiel sind, berechnen wir die Datenmenge für eine einzige Sekunde HD-TV:

Bildauflösung: 1920 x 1080 Pixel
Bildwiederholungsfrequenz: 60 Hertz (Bilder/s)
Farbtiefe: 8 Bit (das heißt 28 = 256 Farben)
Subsampling-Faktor: 2

Die benötigte Bandbreite errechnet sich dann aus einem kompletten Satz Pixel für die Helligkeitsinformationen, also 1920 x 1080 Pixel, mit jeweils acht Bit, plus zwei halben Sätzen Farbpixel, also 960 x 1080, mit wiederum je acht Bit, mal 60. Denn 60 Bilder pro Sekunde müssen angezeigt werden.

Das ergibt ((1920 x 1080 x 8 Bit) + 2 x (960 x 1080 x 8 Bit)) x 60 = **1,99 Gigabit.**

Oder anders gesagt: knapp 250 Megabyte – pro Sekunde. Die riesige Datenmenge zeigt sehr eindrucksvoll, welche technischen Voraussetzungen gegeben sein müssen und welche Herausforderungen es zu meistern gilt, wenn wir etwas so „Einfaches" tun, wie ein Video über das Internet zu streamen. Zurzeit sind wir auf dem Weg vom „High-Definition"-Standard zum „Ultra-High-Definition"-Standard mit bis zu 8K (= 8192 x 4320 Pixel). Das erfordert nicht nur eine enorme Verbesserung in der Videoaufnahmetechnologie, sondern auch weitere Fortschritte bei der Videokomprimierung, die nach wie vor eine der wesentlichen Forschungsfragen in der Informatik bleibt.

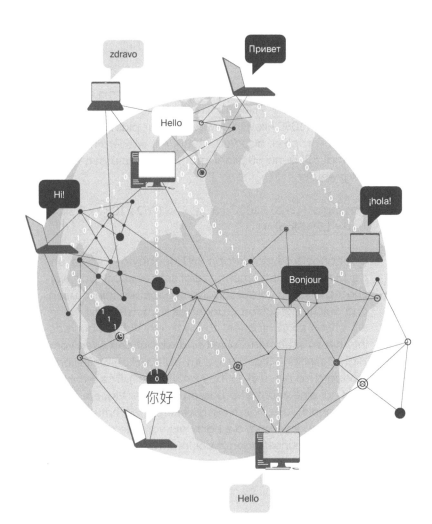

Wie aus lokalen Netzwerken ein globales Ganzes wird

Das eine große Internet gibt es in Wirklichkeit gar nicht. Damit aber die Illusion eines solchen entsteht, braucht es mit viel Technik zum Netzwerken.

Wenn wir über das Internet sprechen, dann meinen wir in der Regel das globale Netz der Netze, das uns als ein einheitliches Kommunikationsmedium erscheint. Technisch spricht man von einem Internet aber schon, wenn zwei möglicherweise auch inkompatible Netzwerke so miteinander verknüpft werden, dass sie sich für den Nutzer als ein einziges Netzwerk darstellen. Tatsächlich gibt es also sehr viele Internets, die schließlich zu dem einen weltweiten Internet verbunden sind, das wir kennen.

Damit über die Grenzen inkompatibler Netzwerke hinweg überhaupt kommuniziert werden und sich die ganze Magie des Internets entfalten kann, braucht es ausgefeilte Standardisierungs- und Übersetzungsmechanismen. Es wäre ideal, wenn alle Netzwerke die gleiche „Sprache" sprächen und untereinander kompatibel wären. Das ist aber nicht der Fall. Die verbreiteten Netzwerktechnologien – Ethernet, FDDI, WLAN, Bluetooth und ihre Varianten – unterscheiden sich in ihren spezifischen Medien, Adressschemata, Paketformaten und Kommunikationsprotokollen, die auf den Einsatz in jeweils unterschiedlichen Anwendungsszenarien optimiert sind. In der Konsequenz sind sie untereinander inkompatibel.

Wie erreicht man nun, solche inkompatiblen Netzwerke zu einem Internet zu verbinden und es dem Nutzer

73

zu ermöglichen, über die Grenzen der einzelnen Netzwerke hinweg zu kommunizieren? Um das zu verstehen,
müssen wir uns zunächst die verschiedenen Probleme
anschauen, die bei der Verknüpfung unterschiedlicher
Netze zu einem einheitlichen Netz zu lösen sind. Die
Herausforderungen dabei sind vielfältig: Wie übertragt
man Daten aus einem Netzwerk in das andere? Wie kann
man die Rechner der einzelnen Netzwerke in dem Netzwerkverbund eindeutig identifizieren? Welche Adressfor-
mate nutzt man dafür? Wie gelingt es Datenpaketen, von
einem Rechner aus einem Netzwerk im Internet zu einem
anderen zu navigieren? Wie werden die Routen dafür be-
rechnet? Wie geht man im Internet mit Überlast um, und
wie werden Übertragungsfehler vermieden? Damit am
Ende der Zusammenschluss von Millionen von Netzwerken zu einem einheitlich erscheinenden Internet gelingt,
müssen alle diese Fragen beantwortet werden.

Die Antwort darauf bietet die Technik des „Internetworking" – ein ausgefeiltes Konzept von Übersetzungsmechanismen und Technologien, auf dem das Internet
und unser globales Kommunikationssystem basiert. Die
entsprechenden Kommunikationsprotokolle legen einen
verbindenden Schleier über sämtliche angeschlossenen
physikalischen Netzwerke und schaffen somit eine
Illusion von Einheitlichkeit.

Das Internet ist dezentral aufgebaut. Über Zwischenstationen können weitere Netzwerke und Rechner beliebig angeschlossen werden. Wenn ein Rechner eines
Netzwerks mit einem Rechner in einem benachbarten
anderen Netzwerk kommunizieren, also Datenpakete
übermitteln will, dann geschieht das über eine Zwi-
schenstation, die die beiden Netzwerke verbindet. In den
Zwischenstationen werden alle beim Internetworking
zu erfüllenden Aufgaben erledigt einschließlich der Entscheidung, über welchen nächsten Netzwerkknoten eine

Nachricht weitergeleitet wird, damit sie ihr Ziel erreicht.

Nachrichten werden über das Internet nach dem Prinzip der Paketvermittlung übertragen. Die zu verschickende Nachricht wird dabei in kleinere Datenpakete aufgespalten, die dann einzeln und eventuell auch über verschiedene Wege im Internet versendet werden. Dabei muss sichergestellt sein, dass alle Datenpakete beim Adressaten vollständig ankommen und dort wieder zur ursprünglichen Nachricht zusammengesetzt werden können. Beim Transport dieser Datenpakete wird es auf Grund der Fehlerhaftigkeit der physikalischen Netzwerke und der Verbundmechanismen immer wieder vorkommen, dass einzelne Datenpakete beschädigt werden oder verloren gehen. Deshalb müssen automatische Korrekturmechanismen vorgehalten werden, die für Datenintegrität sorgen.

Die Grundidee des Internetworking besteht darin, über die verbundenen, technologisch unterschiedlichen Netzwerke mit ihren jeweils eigenen „Sprachen" eine Internet-Protokollsoftwareschicht zu legen, die die Kommunikation über die Netzwerkgrenzen hinweg softwareseitig realisiert. Diese Internet-Protokollsoftware stellt dem Internet eine gemeinsame „Sprache" zur Verfügung, in der sich die im Internet verbundenen inkompatiblen Netzwerke verständigen können. Damit ein Rechner über das Internet kommunizieren kann, braucht er diese Protokollsoftware.

Die einzelnen Netzwerke werden im Internet über Spezialrechner, so genannte Router, miteinander verbunden. Ihr Zweck ist es, Datenpakete über die Netzwerkgrenzen hinweg zu befördern. Dazu müssen Router gleichzeitig zu jedem der über sie verbundenen Netzwerke gehören, also deren jeweilige „Sprache" beherrschen und mit den jeweils spezifischen Technologien und Formaten der Netzwerke umgehen können. Empfangen sie ein Datenpaket aus einem Netzwerk und erkennen, dass es in ein benachbartes zu übermitteln ist, dann bauen sie das Datenpaket, ohne die inhaltliche Botschaft zu verändern, so um, dass es über das Nachbarnetzwerk gesendet werden kann. Sie erbringen also die eigentliche Übersetzungsleistung – übersetzen Adress- und Paketformate –, so dass die Datenpakete über Netzwerkgrenzen transportiert werden können.

Die am weitesten verbreitete Internet-Protokollsoftware ist die TCP/IP-Protokollsuite, auch TCP/IP-Protokollstapel, benannt nach den beiden Hauptprotokollen TCP (Transmission Control Protocol) und IP (Internet Protocol). Dieses wurde in den 1980er Jahren von den Internetpionieren Vincent Cerf und Robert Kahn entwickelt und sorgt bis heute dafür, dass verschiedene Netzwerke zu „einem" Internet verbunden werden können. TCP/IP ist das „Betriebssystem" des Internets, genauso wie wir eine Windows-, Linux-, oder Applesuite auf unseren Rechnern beziehungsweise Android oder iOS auf unseren Smartphones brauchen, damit die vielen Anwendungen und Funktionen auf diesen Geräten genutzt werden können.

Um die komplexe Kommunikationsaufgabe zu lösen, haben die Entwickler der Internet-Protokollsoftware das Prinzip „teile und herrsche" angewandt und TCP/IP nach einem Schichtenmodell aufgebaut. Was genau auf den fünf Schichten dieses grundlegenden Betriebssystems des Internets geschieht, wird in den kommenden Abschnitten im Detail vertieft.

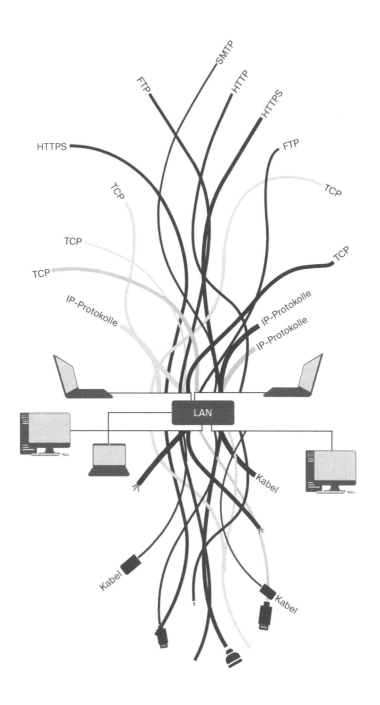

TCP/IP-Protokoll Betriebssystem des Internets

Um einen reibungslosen Versand der Informationen zu gewährleisten, arbeitet das Internet in Schichten: Alles Notwendige regeln clever konstruierte und aufeinander abgestimmte Kommunikationsprotokolle.

Weder Computer noch Smartphones können ohne ein Betriebssystem die vielen verschiedenartigen Anwendungen ausführen und die Berechnungen koordinieren. Genauso wenig würde die Kommunikation im Netzwerk und über Netzwerkgrenzen hinaus funktionieren, wenn man nicht die grundlegenden Abläufe, die Adress- und Datenpaketformate, Mechanismen der Fehlererkennung und -behandlung definieren würde. Das gilt im Fall der einzelnen Netzwerktechnologien – und noch viel mehr im Kontext des Internets, wenn Übersetzungsmechanismen zwischen den Standards und Protokollen der verbundenen Netzwerke hinzukommen. Und darum braucht auch das Internet, damit es uns als das eine, ungeteilte Netz erscheint, als das wir es im Alltag erleben, ein eigenes Betriebssystem.

Das gängige Netzwerkbetriebssystem ist der von Vincent Cerf und Robert Kahn entwickelte TCP/IP-Protokollstapel. Er regelt jede Kommunikation im Internet und lässt den Verbund aus vielen Millionen Netzwerken als einheitliches Netz, als „Internet", erscheinen.

Das Betriebssystem des Internets ist nach einem Schichtenmodell organisiert. Auf den verschiedenen Schichten werden dabei jeweils spezifische Kommunika-

© Der/die Autor(en), exklusiv lizenziert durch
Springer-Verlag GmbH, DE, ein Teil von Springer Nature 2021
C. Meinel und M. Asjoma, *Die neue digitale Welt verstehen*,
https://doi.org/10.1007/978-3-662-63701-2_13

tionsaufgaben gelöst, wobei die Protokolle der oberen Schichten auf den Ergebnissen der Protokollberechnungen der unteren Schichten aufbauen. Das Zusammenspiel der verschiedenen Protokolle macht es möglich, Datenpakete auch über komplexe Netzverbünde zu transportieren und an ihr Ziel zu bringen, ohne dass sich der Nutzer um irgendetwas kümmern muss.

Die Hardwareschicht bildet die unterste Schicht des TCP/IP-Protokollstapels, manche Autoren zählen sie gar nicht dazu. Die Hardware, das sind die physischen Netze und Funkanlagen. Ihre Aufgabe ist es, die in physische Signale umgewandelten digitalen Informationen über Kupferleitungen, Glasfasern oder Funk zwischen verschiedenen Rechnern, genauer den Netzwerkkarten dieser Rechner, zu übertragen. Auf der Hardwareebene finden noch keine komplexen Berechnungen statt, es geht um den physischen Transport von Signalen. Bei der Übertragung von physischen Signalen mit dem Material des Übertragungsmediums schwächen sich diese ab oder werden gestört. So wie ein Lichtsignal in der Ferne immer schwächer wird, schwächen sich auch elektrische Signale beim Transport über Kupferkabel ab. Auf der Hardwareschicht sind deshalb Mechanismen angesiedelt, die mit den resultierenden Fehlern umgehen können, und Gerätschaften im Einsatz, wie zum Beispiel Repeater zur Auffrischung der Signale.

Auf der Netzwerkschicht sind die Protokolle der jeweiligen Netzwerktechnologie im Einsatz. Typischerweise werden hier die Informationen in Datenpakete verpackt „gebroadcastet", also gleichzeitig an alle Rechner im Netzwerk gesendet. Über die dem Datenpaket vorangestellte Adresse können die Rechner dann erkennen, ob das Datenpaket für sie bestimmt ist. Wenn mehrere Rechner im Netzwerk gleichzeitig Datenpakete versenden, kommt es allerdings zu Kollisionen, die elektrischen

Signale (zer)stören sich gegenseitig. Es braucht deshalb Mechanismen, Kollisionen zu erkennen und sicherzustellen, dass Datenpakete fehlerfrei im Netzwerk versendet werden. Mit zwischengeschalteten Geräten wie Bridges und Switches kann ein intelligentes Verkehrsmanagement auch in größeren Verbünden von Netzen gleicher Technologie bewerkstelligt werden.

Erst auf der darüber liegenden Schicht, der Internetschicht, werden mit Hilfe des so genannten IP-Protokolls (Internet Protocol) die Standards und Mechanismen bereitgestellt, um die Kommunikation auch über Verbünde von Netzwerken unterschiedlicher Technologien zu ermöglichen und das, was wir „Internet" nennen, zu realisieren. Die verschiedenen Netzwerke im Verbund werden dabei jeweils durch Spezialrechner, die so genannten Router, miteinander verknüpft, die um ihre Aufgabe erfüllen zu können, selbst jeweils Teil der verbundenen Netze sind, die sie verbinden, und so deren „Sprachen" verstehen. Die Router sind dazu einfach mit den Netzwerkkarten dieser Netze ausgestattet. Erkennen sie, dass ein Datenpaket aus dem einen Netz in das andere übertragen werden sollen, dann „übersetzen" sie das Datenpaket in die „Sprache" des anderen Netzes, bauen also die Standards und Betriebsparameter des Herkunftsnetzwerkes in die des Nachbarnetzwerkes um. Die in den Routern verbaute Hard- und Software dient also allein dazu, die den Netzwerken eigenen Adressschemata und Paketformate ineinander umzuwandeln und so die Voraussetzung für den Datentransport über die Netzwerkgrenzen hinweg zu schaffen. Natürlich darf dabei die eigentliche Nachricht, die im Datenpaket als so genannte Nutzlast verpackt ist, nicht verändert werden – im Gegensatz zu den für den Transport relevanten Informationen, wie zum Beispiel Absenderadresse, Zieladresse oder Paketlänge, die in einem Header gekapselt am Anfang des Datenpakets stehen.

Zusätzlich ermitteln die Router für die Datenpakete die nächste Weiterleitungsadresse, an die das Paket im angrenzenden Netz versendet werden muss, damit es sein Ziel erreicht. Dazu verfügen die Router über eine so genannte Routingtabelle. Sie analysieren die im Datenpaket verpackte Internetadresse der Nachricht und bestimmen dann mit Hilfe dieser Liste die Adresse des nächsten Routers – des nächsten „Hops" – auf dem Weg zum Ziel der Nachricht. Darüber hinaus überprüft der Router noch mit Hilfe von Prüfsummen jedes Datenpaket auf Übertragungsfehler.

Nachdem das IP-Protokoll auf der Internetschicht seine Übersetzungsarbeit verrichtet hat, werden nun Mechanismen gebraucht, um einen universellen Transportdienst bereitzustellen und den korrekten Datentransfer zu garantieren. Das ist Aufgabe von Protokollen wie TCP auf der Transportschicht. TCP (Transmission Control Protocol) stellt für die Datenübertragung eine Verbindung her, etwa zwischen Webserver und Webbrowsern, und baut diese nach erfolgreicher Übertragung wieder ab. Um sicherzustellen, dass die Datenpakete tatsächlich ihr Ziel erreichen, wird ein Quittierungsmechanismus implementiert. Der Empfänger quittiert dem Sender den Erhalt eines Datenpakets. Bekommt er diese Quittung nicht, sendet er das Datenpaket ein weiteres Mal. Weiterführende Korrekturmethoden sorgen für die korrekte Anordnung der übertragenen Datenpakete und kümmern sich um die Datenflusskontrolle, da es bei Überlastsituationen im Netzverbund leicht zur Beschädigung von Daten oder dem Verlust von Datenpaketen kommen kann. TCP drosselt dann einfach das Übertragungsvolumen, so dass solche Beschädigungen oder Verluste vermieden werden.

Schließlich ist der eigentliche Zweck des Internets ja die Nutzung der vielen Anwendungen, die dezentral in den verschiedenen Netzen verteilt liegen und von dort über das Internet abgerufen werden können. Das zu ermöglichen ist die Aufgabe der Protokolle der über der Transportschicht liegenden Anwendungsschicht. Die wichtigsten Protokolle sind hier HTTP (Hypertext Transfer Protocol) beziehungsweise HTTPS für das (sichere) WWW, SMTP (Simple Mail Transfer Protocol) für die E-Mail-Kommunikation und FTP (File Transfer Protocol) für den Dateitransfer über das Internet.

191.63.987.12

192.86.168.23

Daten senden

141.89.221.22

From: 141.89.221.22
IPv4

To:
198.14.666.97
IPv4

FRAGILE

Order nr.:
00000/2017

Ref number:

Lot number:

Item nr.:
00000/2017

198.14.666.97

147.32.498.86

234.32.128.78

IPv4 – Der gute Geist des Internets

Zig Milliarden Internetcomputer gibt es, jeder davon mit eigener Adresse. Das raffinierte Verfahren, das hier den Überblick behielt, wurde inzwischen Opfer seines Erfolgs.

Die Magie des Internets entfaltet sich dann, wenn Nutzer über das Internet mit anderen unkompliziert und frei kommunizieren können. Wie schon beschrieben, ist das Internet nur ein virtuelles Netz, das in Wahrheit aus Millionen von heterogenen Netzwerken besteht. Vermittels der TCP/IP-Protokollsoftware wird dieser Netzwerkverbund sprechfähig.

Will man ein Datenpaket über die Grenzen des eigenen Netzwerks hinaus versenden, muss man den Rechner des Empfängers direkt ansprechen. Erst die mit dem IP-Protokoll eingeführten Internetadressen machen das möglich. Jeder Rechner erhält dazu neben seiner Netzwerkadresse, die lediglich im eigenen Netzwerk eindeutig bestimmt ist, eine weitere Adresse: die Internet- oder IP-Adresse. Das ursprüngliche IP-Protokoll IPv4 verwendete dazu 32 Bit lange Binäradressen, also Folgen von 32 Nullen und Einsen. Es stand damit ein globaler Adressraum von bis zu 232, das heißt fast 4,3 Milliarden, Adressen bereit, um sämtliche mit dem Internet verbundenen Geräte unmissverständlich zu identifizieren.

Es ist von entscheidender Bedeutung, dass die IP-Adresse eindeutig bestimmt ist, also weltweit nur ein einziges Mal vorkommt. Wäre das nicht gegeben, könnte Kommunikation über das Internet nicht gelingen; es wäre nämlich nicht klar, an welches der gleich adressierten Geräte ein Datenpaket gesendet werden soll. Um bei der

85

© Der/die Autor(en), exklusiv lizenziert durch
Springer-Verlag GmbH, DE, ein Teil von Springer Nature 2021
C. Meinel und M. Asjoma, *Die neue digitale Welt verstehen*,
https://doi.org/10.1007/978-3-662-63701-2_14

Vergabe der IP-Adressen, quasi beim Anschluss des Geräts an das Internet, diese Eindeutigkeit zu gewährleisten, baut IPv4 die IP-Adressen hierarchisch auf: Der vordere Teil der 32-Bit-Folge, das Adresspräfix, bestimmt das Netzwerk, zu dem der Rechner gehört. Der Rest der Bitfolge, das Suffix, identifiziert dann den Rechner innerhalb seines Netzwerks.

Bei der Erstellung von IP-Adressen kommen zwei Konventionen zum Einsatz, die den Umgang mit den IP-Adressen vereinfachen: Die 32 Bit umfassende Binärfolge wird in vier gleich lange Blocks mit je acht Bits eingeteilt. Interpretiert man die Bitfolge als Zahl, kann man sie in das gewohnte Dezimalsystem übersetzen und als Zahl zwischen Null und 255 darstellen. Eine IP-Adresse schreibt man nun typischerweise als Abfolge von vier Dezimalzahlen jeweils getrennt durch einen Punkt, zum Beispiel 192.168.0.23.

Was sagt die IP-Adresse 192.168.0.23 nun genau? Die ersten drei Achterblöcke (192.168.0.) stellen in diesem Fall das so genannte Präfix dar. Das ist die Adresse des Netzwerks, in dem sich der Rechner befindet. Der verbleibende Achterblock, sprich die 23, ist das Suffix. Mit ihm wird der Rechner innerhalb seines Netzwerks identifiziert.

IP-Adressen bezeichnen also im engeren Sinn keine einzelnen Rechner, sondern identifizieren sie über ihre Verknüpfung mit einem Netzwerk. Das gilt es zu bedenken, wenn man mit ihrer Hilfe einen speziellen Computer ausfindig machen möchte.

Die Aufteilung der IP-Adresse in Präfix und Suffix schafft natürlich direkt ein Optimierungsproblem: Ist das Präfix besonders lang, können sehr viele Netzwerke mit Adressen versehen werden, aber innerhalb dieser Netzwerke dann nur sehr wenige Rechner. Umgekehrt gilt dasselbe: Ist das Präfix kurz, können nur wenige Netzwerke adressiert werden, diese dürfen dann aber jeweils sehr viele

Rechner umfassen. Da es große und kleine Netzwerke gibt, macht eine generelle Festlegung der Länge von Präfix und Suffix keinen Sinn. Stattdessen hat man den Adressraum in verschiedene „Adressklassen" eingeteilt, die mit jeweils unterschiedlichen Längen auf die entsprechenden Anforderungen optimiert sind.

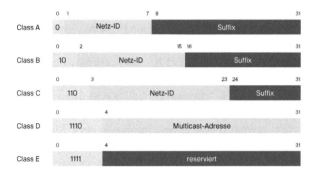

Abb.11: Schematische Darstellung der IPv4-Adressstruktur

IP-Adressen der Klasse A sind gekennzeichnet durch den Start mit einer Null. Der Einsatz von Klasse-A-Adressen ist für Netzwerke sinnvoll, die sehr groß sind und viele Rechner verbinden. Das Suffix umfasst hier 24 Bits, folglich können bis zu 2^{24} = 16 777 214 Rechner mit einer IP-Adresse ausgestattet werden. Allerdings kann es global nur 2^7 = 126 solcher Klasse-A-Netze geben, denn für die Netzwerk-ID bleiben nur noch 7 Bit übrig (die Null am Anfang ist gesetzt). Die Klassen B und C starten mit der Bitfolge 10 beziehungsweise 110 und haben ihre Grenze zwischen Präfix und Suffix beim 16. beziehungsweise 24. Bit, so dass es insgesamt 16 384 Klasse-B-Netze mit jeweils maximal 65 534 Rechnern oder 2 097 152 Klasse-C-Netze mit je maximal 254 Rechnern geben kann. Die Klassen D und E beinhalten IP-Adressen für besondere Zwecke, zum

Beispiel für Multicasting, bei dem Nachrichten an viele Empfänger gleichzeitig gesendet werden sollen.

Schon seit vielen Jahren zeichnet sich ab, dass die Vergabe von IP-Adressen nach diesem System an seine Grenzen kommt. Die Zahl der IP-Adressräume und ihre vergleichsweise starre Aufteilung war dem rasanten Wachstum des globalen Internets nicht gewachsen. So ist der Unterschied zwischen Klasse-B- und -C-Adressen gewaltig. Mittelgroße Institutionen haben typischerweise Netze mit etwas mehr als 254 Rechnern (ihnen reichen Klasse-C-Adressen nicht aus); sie kommen aber lange nicht auf die 50 000 und mehr Rechner, die es braucht, um eine Klasse-B-Adresse sinnvoll auszunutzen. Um hier höhere Flexibilität zu schaffen, wurden die Adressräume künstlich erweitert durch Verfahren wie das „Subnetting" beziehungsweise das „Supernetting".

Beim Subnetting werden größere Adressräume wie etwa die von B-Netzwerken in separate unabhängige Subnetze unterteilt. Dazu wird ein Teil des IP-Adresssuffixes für die Kennzeichnung des Subnetzwerks genutzt. „Opfert" man beispielsweise die ersten sechs Bits des Suffixes eines B-Netzwerks für die Adressierung des Subnetzes, entstehen aus einem einzigen B-Netz insgesamt 62 Subnetze mit jeweils 1022 adressierbaren Rechnern.

Damit klar ist, wie lang das Präfix ist und wo das Suffix beginnt, wird mit so genannten Subnetzmasken gearbeitet. Sie sind ebenfalls exakt 32 Bit lang und kennzeichnen den Präfixanteil der Original-IP durch Einsen und den Suffixanteil durch Nullen. Beginnt das Suffix ab dem 25. Bit, lautet die Subnetzmaske demnach 11111111.11111 111.11111111.00000000. In Dezimalschreibweise lässt sich dies kürzer darstellen als 255.255.255.0. Noch kürzer wird es, wenn man am Ende der IP-Adresse einfach die entsprechende Länge des Präfixes angibt, also in unserem Beispiel 192.168.1.0/24.

Komplementär zum Subnetting können mit dem Supernetting größere Adressräume durch Zusammenlegung von mehreren aufeinander folgenden Netzen einer Adressklasse geschaffen werden. Möchte man beispielsweise den Adressraum der C-Klassen-Adresse 136.199.32.0 erweitern und an Stelle der hier möglichen 254 die Zahl der Rechner auf 762 verdreifachen, dann werden zwei weitere C-Netze mit unmittelbar nachfolgenden Netzwerk-IDs ergänzt. Man schreibt 136.199.32.0,3 und zeigt damit an, dass ein Supernet adressiert wird mit den zusätzlichen IP-Adressräumen 136.199.33.0 und 136.199.34.0.

Auch hier muss der Router wissen, welche Netz-ID das neue Supernetz hat. In dem genannten Beispiel also die fett markierten 136.199.32.0,3. Analog zur Subnetzmaske wird wieder eine Maske eingerichtet, die die Anzahl der Bits für die Netz-ID angibt. Weil es sich in dem Beispiel um die ersten 22 Bits handelt, lautet die Schreibweise für die Adressmaske 136.199.32.0/22.

Subnetting und Supernetting wurden bereits in den 1980er Jahren erfunden, denn schon damals war klar, welche rasante Entwicklung das Internet nehmen wird. Heute sind die IPv4-Adressräume längst komplett aufgebraucht. Die 4,3 Milliarden 32-Bit-langen IP-Adressen reichen bei Weitem nicht aus, alle internetfähigen Geräte auch mit dem Internet zu verbinden. (Schon heute ist die Hälfte der Weltbevölkerung „online") Für die 35 Milliarden Geräte, die heute im „Internet der Dinge" online sind – Tendenz weiter exponentiell steigend –, ist es gänzlich aussichtslos. Es brauchte also neue Adressräume und ein Nachfolgeprotokoll: Nach IPv4 kam IPv6.

IPv6 – Die Zukunft des Internets (der Dinge)

Mit mehr IP-Adressen, als es Sterne im Universum gibt, hat das Internet endlich den Raum, den es zu seiner Entfaltung braucht. Noch aber hakt es beim Aufbruch in die endlosen Weiten.

Wir haben längst die Zeiten hinter uns gelassen, in denen die komplexen Netzwerktechnologien nur dazu dienten, dass sich einige wenige Experten miteinander verbinden. Jenseits von Websurfing und E-Mail hat inzwischen sogar eine Entwicklung eingesetzt, die über alle verfügbaren physischen Geräte eine Vernetzungsschicht legt und den Digitalraum exponentiell erweitert. Mit dem alltäglichen Gebrauch von Smartphones und dem „Internet der Dinge" (IoT oder Internet of Things) kommunizieren viele Milliarden neuer Geräte miteinander. Schnell kommen wir so an die Grenzen der alten Internetprotokollstandards.

Mit den begrenzten IPv4-Adressen kommen wir in Situationen, in denen sich sehr viele User eine Adresse teilen müssen, Situationen, in denen sich auch gravierende Sicherheitsfragen auftun. So wird es etwa schwieriger, Straftäter über ihre IP-Adressen zu identifizieren. Auch muss die Heimkommunikation smarter Geräte über Clouddienste abgewickelt werden, um IP-Adressen zu sparen, was bedeutet, dass die Signale, die sich die verschiedenen IoT-Geräte zu Hause zusenden, zum Cloud-Provider und von dort zurück transportiert werden müssen, und der Cloudprovider so in den Besitz sensibler privater Daten gelangt. Ein Umdenken in den Verfahren,

91

wie wir der steigenden Komplexität im digitalen Raum Herr werden, war und ist gefordert. Mit der Entwicklung und Einführung des neuen IPv6-Protokollstandards war der Grundstein gelegt für ein praktikables und sicheres Internet der Dinge.

Das Internetprotokoll IPv4 bot die Grundlage für eine weltumspannende Kommunikation im Internet über Systemgrenzen hinweg. Mit dieser Protokollsoftware war es möglich, auch heterogene Netze miteinander zu verbinden und das dezentrale Netz der Netze, das Internet, zu seinem rasanten Wachstum zu verhelfen. Mit dem IPv4-Adressstandard kann man zirka eine Million Rechnernetze eindeutig identifizieren. Eine unglaublich große Zahl – gemessen am heutigen Bedarf aber viel zu wenig. Die Gesamtheit aller IPv4-Adressen (gut vier Milliarden) reicht schon lange nicht mehr aus, um die Zahl der individuellen Internetnutzer zu bedienen, geschweige denn die Entwicklung, die sich gerade im Internet der Dinge vollzieht, zu begleiten. Auch die entwickelten Workarounds, wie zum Beispiel Subnetting und Supernetting, können kaum mehr effizientes Routing gewährleisten, weil die Routing-Tabellen als dezentrale Wegmarken im Internet immer komplexer werden. Auch war IPv4 nie dafür entwickelt worden, mit multimedialen Daten umgehen zu können. Diese jedoch beherrschen immer mehr die Kommunikation im Internet. IPv4 kann multimediale Daten nicht explizit kennzeichnen und kontinuierlich übertragen, was aber eine Voraussetzung dafür ist, dass Videos in hochauflösender Qualität ruckelfrei gestreamt werden können. Auch zahlreiche Anwendungen in den immer wichtiger werdenden Bereichen Homeoffice und internetbasierter Kollaboration werden von IPv4 nicht unterstützt, obwohl neue Arbeitsformen auf dem Vormarsch sind.

Dessen war sich die Internet Engineering Task Force (IETF) – die Entwicklercommunity des Internets – bereits

1994 bewusst. Sie begann damit, ein leistungsfähigeres Nachfolgeprotokoll zu entwickeln, das auf vielen bewährten Konzepten des IPv4-Standards aufsetzte und dabei gleichzeitig zahlreiche Verbesserungen enthielt.

Die wichtigste Änderung von IPv4 zu IPv6 war die immense Erweiterung des Adressraums. Anstatt IP-Adressen mit einer 32-Bitfolge zu kodieren, was einen möglichen Adressraum von 4,3 Milliarden Adressen für rund eine Million Rechnernetze eröffnet, arbeitet das IPv6-Protokoll mit einer Folge von 128 Bits. Das lässt den verfügbaren Bestand an eindeutigen IP-Adressen explodieren auf die schier unglaubliche Zahl von 3,4x1038. Diese Zahl findet kaum noch Entsprechungen in der analogen Welt, sie ist deutlich größer ist als die Gesamtzahl aller Sterne im Universum.

Auch das Header-Konzept von IPv4 wurde bei IPv6 erweitert, um den vielen neu hinzugekommenen Aufgaben in Bezug auf Multimedia und das Internet der Dinge Rechnung zu tragen. So gibt es weiterhin einen Pflichtheader, den „Basis-Header", der zwingend jedem Datenpaket vorangestellt werden muss und der trotz vierfacher Länge der Empfänger- und Senderadresse nur doppelt so lang ist wie der IPv4-Header. Daneben kann es eine Reihe zusätzlicher Erweiterungsheader geben, in denen die Informationen gesammelt werden, die zur Realisierung von Features gebraucht werden, die nicht bei allen Datenpaketen zum Einsatz kommen, wie zum Beispiel Fragmentierung, Authentifizierung oder Verschlüsselung.

Außerdem wurden neue Mechanismen zur Festlegung vorbestimmter Übertragungspfade eingeführt, um Echtzeitübertragung von Multimedia- und Kollaborationsdaten zu ermöglichen. Schließlich ist der IPv6-Protokollstandard so angelegt, dass zukünftige Protokollerweiterungen möglich sind, ohne den Standard selbst ändern zu müssen.

Unbeschadet der vielen Vorteile von IPv6 zieht sich die Migration von IPv4 auf IPv6 allerdings schon lange hin. Auch im Jahr 2019 ist sie bei Weitem noch nicht abgeschlossen. Leicht ließen sich die 32 Bit langen IPv4-Adressen als die letzten 32 Bit in 128 Bit lange IPv6-Adressen integrieren, so dass die Adressportierung eigentlich kein großes Hindernis darstellt. Viele ältere Internetanwendungen haben die herkömmliche IPv4-Adresse fest einprogrammiert, und die Anwender wollen kein Risiko eingehen. Zudem scheuen viele Netzwerkadministratoren den Umbau ihrer Netze. So sind leider auch heute noch viele Internetnutzer und -anwendungen mit IPv4 und nicht mit IPv6 unterwegs. Immerhin verstärkt sich der Migrationsdruck, weil es keine freien IPv4-Adressen mehr gibt, neue, insbesondere mobile Anwendungen immer beliebter werden und IoT-Anwendungen ohne IPv6 nicht machbar sind.

In jedem Fall steht mit dem neuen IPv6-Standard ein leistungsstarkes und performantes Internetprotokoll bereit, mit dem sich das Internet in Zukunft auch als Internet der Dinge rasant weiterentwickeln kann und wird. Der neue Protokollstandard ermöglicht moderne Arbeitsformen vermittels digitaler Kollaborationstools und den ruckelfreien Transport von Multimediadaten in hoher Auflösung. Mit IPv6 kann auch die Sicherheit im Internet deutlich erhöht werden: Nutzer und Devices können eindeutig identifiziert, diverse Verschlüsselungstechniken eingesetzt und die direkte Kommunikation in Heimnetzwerken und Industrie-4.0-Anwendungen ermöglichen.

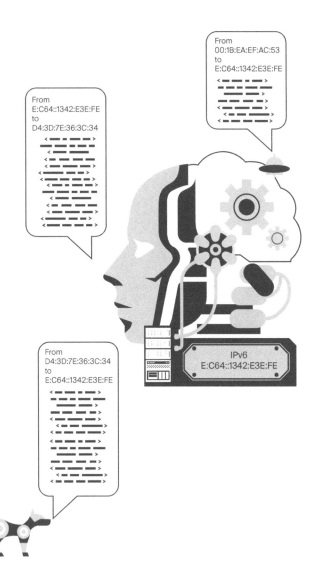

IPv6 – Wie das Internet die Dinge findet

Mit dem neuen Internetstandard ist Sparsamkeit passé: Dank IPv6 gibt es Adressen in Hülle und Fülle. Diese sind allerdings deutlich komplexer.

Mit dem neuen IPv6-Internetprotokollstandard ist die Zukunft des Internets angebrochen. Es wurden die technischen Voraussetzungen dafür geschaffen, dass neue Anwendungen für die inzwischen allgegenwärtigen Bereiche „Internet der Dinge" (Internet of Things, IoT), interaktive Online-Kollaborationsmethoden, Virtual Reality und hochauflösende Multimediastreamings entwickelt und betrieben werden können. Ganz zentral dafür war die Ausweitung des IP-Adressraums: Es gibt jetzt mehr IP-Adressen als Sterne im Universum.

Beim IPv4-Standard arbeitet man mit Internetadressen der Länge 32 Bit. In der Regel stellt man sie dar als vier durch Punkte getrennte 8-Bit-Blöcke, die jeweils als dreistellige Dezimalzahl ausgedrückt werden, zum Beispiel 192.168.0.23. Bei IPv6 setzt man hingegen auf Adresslängen von 128 Bit. Sie sind aufgebaut aus je acht 16-Bit-Blöcken, die man im Hexadezimalsystem darstellt. Das bedeutet, dass die Bitblöcke nicht mehr allein aus den Ziffern 0 bis 9 bestehen, sondern zusätzlich auch die ersten sechs Buchstaben des Alphabets (a bis f) enthalten. Jeder dieser Blöcke ist genau vier Zeichen lang.

© Der/die Autor(en), exklusiv lizenziert durch
Springer-Verlag GmbH, DE, ein Teil von Springer Nature 2021
C. Meinel und M. Asjoma, *Die neue digitale Welt verstehen*,
https://doi.org/10.1007/978-3-662-63701-2_16

Präfix (Site-ID)	Subnet-ID	Interface-ID
000E:0C64:0000:	0000:	0000:1342:0E3E:00FE

Obwohl sich die Länge der Adresse nur vervierfacht, explodiert der Adressraum geradezu. Er potenziert sich um ein Vielfaches, denn mit jedem zusätzlichen Bit verdoppelt sich der gesamte Adressraum, so dass bei einer 128-Bit-Adresslänge die Anzahl möglicher IP-Adressen auf eine gewaltige Zahl ansteigt: 3,4x1038. Es fällt schwer, in der realen Welt eine Entsprechung dazu zu finden. Vielleicht genügt es zu sagen, dass der neue Adressraum es jedem der sieben Milliarden Erdenbürger ermöglicht, mehrere Quadrilliarden Gegenstände ans Internet der Dinge anzuschließen.

Die 16-Bit-Blöcke werden durch einen Doppelpunkt voneinander getrennt. Um die Adressen möglichst einfach schreiben zu können, werden in den 16-Bit-Blöcken alle führenden Nullen weggelassen. Außerdem wird die längste Folge von 16-Bit-Blöcken, die nur aus Nullen besteht, einfach weggelassen. Das ist die so genannte Nullen-Kompression.

Folgendes Beispiel illustriert das. In ihrem Rohformat sähe eine Adresse wie folgt aus:

000E:0C64:0000:0000:0000:1342:0E3E:00FE

Zunächst werden alle führenden Nullen (fett markiert) weggelassen.

Aus **000**E:**0**C64:0000:0000:0000:1342:**0**E3E:**00**FE
wird E:C64:0000:0000:0000:1342:E3E:FE

Die vollständige Adresse lässt sich ganz einfach rekonstruieren: Überall dort, wo weniger als vier Zeichen stehen, müssen am Anfang Nullen ergänzt werden.

Des Weiteren komprimiert man die längste zusammenhängende Nullerfolge, wieder fett gedruckt.

Aus   E:C64:**0000:0000:0000**:1342:E3E:FE
wird   E:C64::1342:E3E:FE

Hiermit kann sich die Länge einer IPv6-Adresse nochmals drastisch reduzieren. Das Weglassen der Nullerblöcke ist in der IPv6-Adresse als doppelter Doppelpunkt erkennbar. Und wieder ist es für den Computer einfach, die weggelassenen Nullerblöcke zu rekonstruieren, da ja klar ist, dass eine IPv6-Adresse aus acht (Hexadezimal-) Blöcken besteht. Übrig sind im Beispiel noch fünf Blöcke. Beim doppelten Doppelpunkt fehlen also genau drei Nullerblöcke. Das funktioniert allerdings nur, wenn Folgen von Nullerblöcken ausschließlich an einer einzigen Stelle in der Adresse weggelassen werden. Andernfalls wüsste man nicht, wie viele Nullerblöcke an den jeweiligen Stellen zu ergänzen sind.

Wie schon bei IPv4 sind IPv6-Adressen aus verschiedenen Komponenten aufgebaut. Was im Vorgänger Präfix und Suffix war, ist im neuen Protokollstandard das Präfix, die Subnet-ID und die Interface-ID.

Das Präfix beschreibt die Anbindung der IPv6-Adresse an den entsprechenden Internetserviceprovider oder die lokale Registry-Behörde. Die Subnet-ID gibt einen Hinweis auf die innere Beschaffenheit des privaten Netzwerks der entsprechenden Organisation, und die Interface-ID identifiziert den Nutzer. Sie ist im Grunde mit der Host-ID aus IPv4 vergleichbar.

Mit dem neuen IPv6-Standard steht ein Adressraum bereit, der keine Umwege und Workarounds wie Subnetting und Supernetting mehr nötigt macht. Das Gebot der Sparsamkeit, das man sich beim Umgang mit IPv4-Adressen auferlegte, ist passé. Für jeden Zweck, jede Erweiterung und Neuentwicklung stehen nun eineindeutige IP-Adressen zur Verfügung, um das Internet der Zukunft performanter, sicherer und nutzerfreundlicher zu machen.

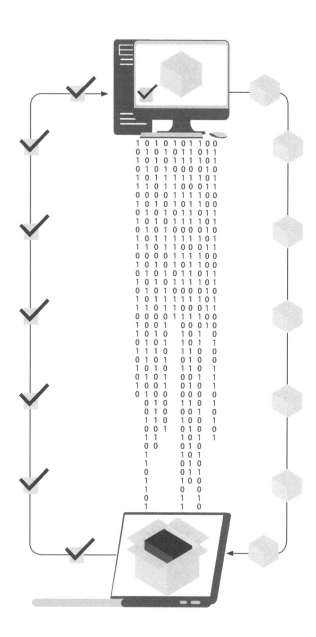

TCP – Wer garantiert, dass das Datenpaket angekommen ist?

Was das Einschreiben mit Rückschein für den Briefe-schreiber ist, ist im Internet das TCP-Protokoll. Es stellt sicher, dass die Sendung nicht verloren geht.

Physische Netzwerke und die Protokolle auf der Internet-schicht (IPv4/IPv6) bieten die Grundlage dafür, dass wir über das Internet kommunizieren und Nachrichten verpackt in Datenpakete von einem Sender zu einem Empfänger abgeschickt werden können. Trotzdem wäre das Netz der Netze bei Weitem nicht so erfolgreich geworden, wenn nicht zusätzlich Protokolle entwickelt worden wären, die auf der Transportschicht garantieren, dass die Datenpakete auch tatsächlich dort ankommen, wo sie hingeschickt werden.

Das Problem ist klar: Dank der Internetprotokolle können wir Datenpakete an beliebige Geräte im Netz adressieren und über Zwischensysteme (Netze und Router) verschicken. Aber weder die Zwischenstationen noch das Protokoll selbst kümmern sich darum, ob ein Paket auch ankommt. Es ist wie bei einer einfachen Postsendung: Wenn man einen Brief verschickt, weiß man zwar, dass er abgeschickt wurde und die für den Empfänger bestimmte Nachricht enthält, eine Bestätigung, dass er beim Adressaten angekommen ist, erhält man jedoch nicht. Im schlimmsten Fall bleibt es unbemerkt, dass die Sendung fehlgeschlagen ist, weil der Empfänger ja gar nicht wusste, dass ihm ein Brief hätte zugestellt werden sollen.

© Der/die Autor(en), exklusiv lizenziert durch
Springer-Verlag GmbH, DE, ein Teil von Springer Nature 2021
C. Meinel und M. Asjoma, *Die neue digitale Welt verstehen*,
https://doi.org/10.1007/978-3-662-63701-2_17

Ein solches Dilemma kann ohne zusätzliche Mechanismen nicht gelöst werden. Im Postwesen hat man dafür ein System mit Einschreiben und Rückantwort eingeführt, in der Welt des Internets dient dazu das „Transmission Control Protocol" (TCP), das ganz ähnlichen Mechanismen folgt. Unter anderem stellt es sicher, dass alle Datenpakete, die über das Internet versendet werden, unbeschädigt bei ihrem Empfänger ankommen. Wegen der herausragenden Bedeutung jener Kombination aus IP-Protokoll und TCP-Protokoll wird das „Betriebssystem des Internets" gemeinhin nach diesen beiden als TCP/IP-Protokollsuite bezeichnet, selbst wenn es in Wirklichkeit noch aus vielen weiteren Protokollen besteht.

Die IP-Protokolle operieren, wie bereits beschrieben, ohne eine Direktverbindung zwischen Sender und Empfänger – die Datenpakete werden einfach abgesendet. Das TCP-Protokoll stellt dagegen einen verbindungsorientierten Dienst bereit. Dabei wird eine softwarebasierte virtuelle Verbindung zwischen Sender und Empfänger hergestellt, die sich wie eine tatsächliche physische Verbindung verhält, obwohl auf dieser Ebene eine solche gar nicht hergestellt werden könnte. Damit gelingt es TCP trotz der Unzuverlässigkeit des Paketdiensts des IP-Protokolls den beiden Endsystemen „vorzugaukeln", dass es wie beim Telefondienst eine direkte physische Verbindung zwischen den beiden Systemen gäbe, auf der die Datenpakete transportiert werden.

Zwei Werkzeuge sind wichtig dafür: Zum einen kann TCP die empfangenen Datenpakete quittieren, also ihren Empfang bestätigen, zum anderen erlaubt das Verfahren, alle Datenpakete durchzunummerieren. Wird eine neue Verbindung aufgebaut, teilt der Sender dem Empfänger mit, dass er Nachrichten übermitteln will, und der Empfänger bestätigt, dass er bereit ist, diese zu empfangen und auch selbst Nachrichten zurücksenden möchte.

Dann tauschen beide Partner die initialen Paketnummern aus, von denen ab dann alle nachfolgend gesendeten Datenpakete durchnummeriert werden. Die beiden Kommunikationspartner können dann im Kommunikationsverlauf anhand der Paketnummerierungen erkennen, dass und wie viele Datenpakete in welcher Reihenfolge in jeder Richtung auf die Reise geschickt wurden. Geht ein Paket unterwegs verloren, fällt dies durch die Lücke in der Zählung auf. Wurde es beschädigt, quittiert es der Empfänger einfach nicht. TCP ermöglicht also, dass alle Daten übertragen, fehlerfrei und in der richtigen Reihenfolge vom Zielsystem empfangen und zusammengesetzt werden können.

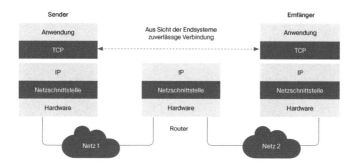

Abb. 13: Schematische Darstellung einer TCP-Verbindung

Die TCP-Nachrichten selbst werden „gekapselt" in IP-Datagrammen versendet, also als Nutzlast in den durchnummerierten IP-Paketen transportiert. Das TCP stellt also eine Ende-zu-Ende-Übertragung zwischen den Endsystemen einer Kommunikation her, die eine bidirektionale Versendung von Daten ermöglicht. Welchen Weg das Paket auf seiner Reise nimmt und wie es überhaupt an seinen Bestimmungsort gelangt, spielt dabei keine Rolle, das wird mit Hilfe der Mechanismen des IP-Protokolls erledigt. Die mit TCP aufgebaute Verbindung zwischen den beiden Kommunikationspartnern ist virtuell, weil sie nur bei den beiden Endsystemen zu spüren ist. Auf allen Zwischensystemen werden die Datenpakete mit der TCP-Nutzlast und über die üblichen Mechanismen des IP-Protokolls weitergeleitet.

TCP gleicht darüber hinaus Störungen aus, die durch Fehler und Überlastungssituationen im Netzverbund entstehen, oder wenn einmal der Sendebetrieb und die Verarbeitung der empfangenen Daten in den Endsystemen nicht synchron laufen. Diese Mechanismen werden in den kommenden Abschnitten beschrieben.

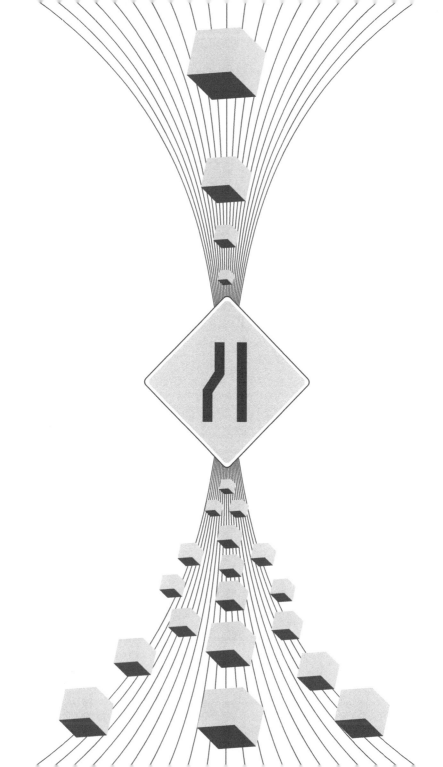

Wie verhindert man einen Stau auf der Datenautobahn?

Doch TCP macht noch viel mehr: Es verhindert, dass unser Internet im Dauerstau versinkt.

Mit der Vielzahl an neuen digitalen Technologien und ihren Anwendungen im Internet der Dinge, dank Social Media, Online-Shopping, Streaming-Diensten und Online-Gaming steigt der Verkehr im Internet exponentiell an. Daten Internationalen Energieagentur belegen, dass der Internettraffic in den letzten fünf Jahren rasant gewachsen ist: Während 2007 weltweit noch jährlich 54 Exabyte (ein Exabyte entspricht einer Trillion oder 1018 Bytes beziehungsweise einer Milliarde Gigabyte) an Daten über das Netz der Netze geflossen ist, waren es 2017 bereits knapp 1100 Exabyte oder 1,1 Zettabyte. Bis 2022 rechnet die Statistikbehörde mit einem Anstieg auf über 4,2 Zettabyte.

Bei dieser enormen Menge an Daten kann es natürlich zu Verdichtungen bis hin zu Datenstaus kommen – und damit zu Problemen, die mit Hilfe der Software koordiniert werden müssen. Ein solches Verfahren ist das schon beschriebene TCP, das Transmission Control Protocol. Es umfasst nicht nur den im letzten Abschnitt erläuterten Quittierungsmechanismus, der sicherstellt, dass Daten fehlerfrei beim Empfänger ankommen, sondern enthält auch Komponenten zur Internet-Flusskontrolle, die sich dem Problem der Vermeidung von Datenstaus widmen.

Das TCP-Protokoll nutzt dazu den Quittierungsmechanismus, um dem Sender mitzuteilen, welche Kapazität

© Der/die Autor(en), exklusiv lizenziert durch
Springer-Verlag GmbH, DE, ein Teil von Springer Nature 2021
C. Meinel und M. Asjoma, *Die neue digitale Welt verstehen*,
https://doi.org/10.1007/978-3-662-63701-2_18

dem Empfänger für neu zu übertragende Daten freistehen und in welcher Frequenz und in welchen Portionen neue Daten ausgesendet werden können, um Platz im Eingangspuffer finden. Dazu kommt das „Sliding Window Protocol" zum Einsatz. Analog zu einem Schiebefenster, das sich nach Bedarf öffnet und schließt, wird der Datenfluss zwischen Sender und Empfänger über lastabhängige „Fenster" adaptiv kontrolliert. Am besten illustriert sich das Prinzip an einem Beispiel:

Nehmen wir an, Sender A möchte 2500 Byte an Daten an den Empfänger B versenden. In einem ersten Schritt wird die maximale „Fenstergröße" (F) für den Datentransfer zwischen A und B definiert. F sei in diesem Beispiel 1500 Byte. A sendet also die ersten 1000 Byte der zu übermittelnden Daten an B. B empfängt die 1000 Byte und quittiert nicht nur den Erhalt der Datenpakete mit der entsprechenden Sequenznummer, sondern bestätigt 1000 Byte der Daten erhalten zu haben (Acknowledgment ACK 1000). Mit der Quittierung sendet B außerdem eine Angabe zur verbleibenden Aufnahmekapazität im Eingangspuffer, die neue Fenstergröße. Die ergibt sich aus der Differenz der maximalen Fenstergröße F = 1500 Byte abzüglich der bereits empfangenen 1000 Byte. Die neue Fenstergröße ist also F = 500 Byte.

A weiß nun, dass es nicht sinnvoll ist, mehr als 500 Byte im nächsten Schritt zu versenden, weil eine höhere Datenmenge nicht aufgenommen werden könnte und entsprechend verworfen würde. A passt die Paketgröße entsprechend an und sendet nun Daten im Umfang von 500 Byte an B. Der wiederum quittiert den Empfang des zweiten Datenpakets mit ACK 1500 und F = 0. Nun ist der komplette Eingangspuffer mit Daten belegt.

Nun muss A warten, bis bei B die empfangenen Daten aus dem Eingangspuffer an das Betriebssystem übergeben sind und der Eingangspuffer über freie Aufnahmekapazitäten verfügt. Sobald Daten aus dem Eingangsspeicher an das Betriebssystem übergeben sind, versendet B ein neues Acknowledgment, zum Beispiel ACK 1500 und F = 1000. A weiß dadurch, dass nun die restlichen 1000 Byte an B versendet werden können.

Abbildung 14 zeigt des schematischen Prozess des Sliding Window Protokolls.

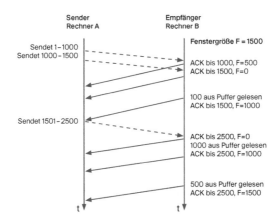

Abb. 14: Schematischer Prozess des Sliding Window Protokolls

Ohne besondere Vorkehrungen kommt es in der Praxis zu einem Problem, das als „Silly Window Syndrome" bezeichnet wird: Wenn der Sender die maximale Fenstergröße immer vollständig ausnutzt, dann stellt sich im nächsten Schritt eine Fenstergröße nahe bei null ein, und der Sender kann nur noch eine sehr kleine Datenmenge senden. Das ist deshalb ein schlecht, weil die Menge an gekapselten TCP-Informationen und IP-Daten, die jedes Mal mitgeschickt werden müssen, ja nicht kleiner wird. Dadurch leidet die Effizienz der Datenübertragung stark. Um zu verhindern, dass dieser Overhead relativ gesehen zur Nutzlast der Daten ins Missverhältnis rückt, wurden zwei Vorkehrungen in der Flusskontrolle getroffen, die dafür sorgen, dass gesendete Datenpakete immer möglichst groß sind:

1. Eine Quittierung erfolgt erst, wenn wenigstens 50 Prozent des Eingangspuffers F wieder frei sind. (In unserem Beispiel wären das 750 Byte. Die zweite Übertragung von 500 Byte hätte also nicht stattfinden dürfen.)

2. Der Sender nutzt bei der Zusammenstellung der zu transportierenden Daten nicht die maximal mögliche Fenstergröße aus, so dass der Eingangspuffer nie vollständig belegt wird.

Eines der schwierigsten Probleme bei der Gewährleistung eines möglichst effizienten Datentransports durch das Internet besteht darin, Überlastsituationen in den Zwischensystemen zu erkennen. Über TCP sind ja nur die beiden Endsysteme verbunden, sie können Daten über ihre Aufnahme- und Leistungsfähigkeit austauschen. Aber wie es um die Leistungsfähigkeit der Zwischensysteme steht, über die der Datentransport erfolgt, ist den Endsystemen unbekannt, da TCP nur in den Endsystemen wirkt und es keine Kommunikation mit den TCP-Instanzen anderer Verbindungen gibt.

Die Idee, wie TCP trotzdem Überlastsituationen in Zwischensystemen erkennen und ausgleichen kann, besteht darin, die Zahl der verlorenen Datenpakete als Hinweis und Parameter für einen Datenstau bei den auf dem Transportweg zu überbrückenden Zwischensystemen zu interpretieren. Wenn es also gehäuft vorkommt, dass Datensendungen nicht quittiert werden, dann schließt TCP, dass irgendwo auf dem Transportweg Überlast herrscht, und reagiert entsprechend. Um die optimale Übertragungsrate zu ermitteln, starten die beiden Endsysteme ihre Übertragung mit einem „Slow-Start-Algorithmus", bei dem zunächst ein Datenpaket mit nur kleiner Fenstergröße gesendet wird und dann, nach jeder erfolgreichen Quittierung, die Datenpaketlänge verdoppelt wird. Die Paketlänge wächst also exponentiell an und nähert sich dadurch rasch dem Optimum. Erst wenn vermehrt Datenpakete verloren gehen, also nicht quittiert werden, bremst TCP den Längenzuwachs. Dann tritt der Congestion-Avoidance-Algorithmus in Kraft. Der Stau-Vermeidungsalgorithmus senkt die Datenrate wieder, bis die Anzahl der verlorenen Pakete auf ein akzeptables Niveau fällt.

Wie die Praxis beweist, werden in jedem Zeitpunkt und bei jeder Lastsituation im Internet mit dem Zusammenspiel dieser zwei Algorithmen sehr gut angepasste Übertragungsraten erreicht und Staus auf der Datenautobahn eingeschränkt oder ganz vermieden.

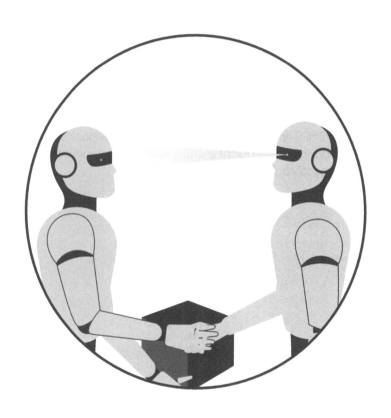

Handshakes und Ports – Die TCP Datenverbindung

Sockets und Ports verbinden Anwendungen auf Computern im Internet, ähnlich wie Häfen in der analogen Welt, die dafür sorgen, dass Waren zielgerichtet verladen und weitertransportiert werden.

Das Internet ermöglicht über seine physischen Netze vermittels seiner Internetprotokolle einen weltweiten Informationsaustausch und Datentransfer in Echtzeit und verbindet dabei völlig heterogene Netze und Anwendungen. Eine besonders entscheidende Rolle kommt dabei dem Transmission Control Protocol – kurz TCP – zu, das zwischen den unterschiedlichsten Systemen verlässliche Verbindungen herstellt und den fehlerlosen Datenaustausch garantiert.

Wie das genau organisiert ist, lässt sich über eine Metapher aus der analogen Welt gut illustrieren. Vergleicht man das Internet mit einem gewaltigen Ozean, über den viele verschiedene Länder und Erdteile durch Schiffsrouten verbunden sind, dann kann man sich die Schnittstellen als Landungsbrücken oder Häfen vorstellen: An diesen Schnittstellen übergeben Internetanwendungen Daten dem Internet zur sicheren Versendung an entfernte andere Internetanwendungen – oder empfangen Daten von diesen. Tatsächlich werden diese Schnittstellen auch in der digitalen Welt als „Sockets" und „Ports" bezeichnet. Diese digitalen Landepunkte sind die Endpunkte von TCP-Verbindungen. Hier werden die Daten aus den Anwendungen „verladen" oder „entladen" und die Fehler-

115

losigkeit und Vollständigkeit der transportierten Ladung kontrolliert.

Ports sind die Services Access Points der Transportschicht, auf der Daten für diverse Internetanwendungen „umgeschlagen" werden. Ports und Sockets haben Adressen: Die Port-Nummer ist 16 Bit lang, und die Sockets (Landungsstellen) werden durch Socket-Nummern eindeutig charakterisiert. Diese setzen sich aus der IP-Adresse des Rechners und einer lokal zuordenbaren Port-Nummer zusammen. Mit 16 Bit lassen sich 65 536 Ports unterscheiden. Davon sind 1024 global standardisiert und bezeichnen Ports von Anwendungen, die von jedem weltweit genutzt werden können, beispielsweise das World Wide Web (HTTP-Protokoll, Port 80) oder E-Mail (SMTP-Protokoll, Port 25). Weitere 48 128 Ports können bei der IANA, der internationalen IP-Vergabestelle, von privaten oder öffentlichen Institutionen registriert werden, und die verbleibenden 16 384 können frei (dynamisch) vergeben werden.

Um eine Datenverbindung zwischen zwei entfernten Anwendungen aufzubauen, müssen die entsprechenden Landungsstellen, die „Sockets", anvisiert werden. Diese sind bestimmt durch die Rechner-IP-Adressen, auf denen die beiden Anwendungen laufen, und den jeweiligen Portnummern der beiden Anwendungen, zwischen denen Datenpakete ausgetauscht werden. Die Portnummer auf Empfängerseite ist typischerweise die global standardisierte Portnummer der Empfängeranwendung, für die Senderanwendung wird eine frei verfügbare, nicht anderweitig vom Sendersystem genutzte Portnummer verwendet. Nachdem die Sende- und Empfängerendpunkte für die Datenverbindung festgelegt sind, können die beiden Anwendungen über so genannte TCP-Primitive (Grundbefehle wie „request", „response", „confirm" und andere) den Datenaustausch steuern und entsprechende Aktionen auslösen.

Die Hafenmetapher beschreibt sehr gut, dass es sich bei TCP um einen verbindungsorientierten Dienst handelt, der Daten Ende-zu-Ende von einer Anwendung zu einer entfernten anderen überträgt. Um das zu realisieren, muss TCP eine Verbindung aufbauen zwischen den beiden Anwendungen. Da für die Transportzwecke im Internet nur der Datentransferdienst des IP-Protokolls zur Verfügung steht, kann diese Verbindung nur virtuell sein. Für die beiden Anwendungen fühlt sich das zwar an wie eine Ende-zu-Ende-Verbindung, tatsächlich ist das aber nur eine über TCP geschaffene Illusion.

TCP nummeriert die zu versendenden Datenpakete mit einer Sequenznummer, mit deren Hilfe die Vollständigkeit der Sendung überprüft und auch die richtige Reihenfolge der Datenpakete wiederhergestellt werden kann. Die kann nämlich beim Transport der einzelnen Pakete mit dem IP-Datentransferdienst über eventuell unterschiedliche Routen verloren gehen. Damit das funktioniert, müssen beide Kommunikationspartner sicherstellen, dass sie mit den jeweils gleichen initialen Paketnummern hantieren. Dieses gemeinsame Verständnis stellt TCP beim Aufbeziehungsweise Abbau einer Verbindung mittels eines so genannten Drei-Wege-Handshake (beziehungsweise Vier-Wege-Handshake) her. Dabei werden die für die Verbindung vorgesehenen Sockets/Ports definiert und die initialen Sequenznummern ausgetauscht.

Zum Verbindungsaufbau sendet das Absendersystem ein so genanntes SYN-Segment, das eine Startsequenznummer x enthält, von der ab alle gesendeten Datenpakete durchnummeriert werden (Schritt 1). Der Empfänger bestätigt den Erhalt des SYN-Segments und der initialen Sequenznummer und sendet als Bestätigung x+1. Zusätzlich wird eine eigene initiale Sequenznummer y versendet (Schritt 2). Das System, das den Aufbau der

Verbindung initiiert hat, bestätigt seinerseits nun den Erhalt der Sequenznummer durch Rücksendung von y+1 (Schritt 3). Über die nun aufgebaute Verbindung kann dann der eigentliche Datentransfer in beide Richtungen beginnen.

Wenn alle Daten ausgetauscht sind und ein System die Kommunikation beenden möchte, leitet es den Abbau der Verbindung ein, indem es ein spezielles Ende- oder FIN-Segment überträgt. Mit dem FIN-Segment wird die Endsequenznummer x versehen (Schritt 1). Das Empfängersystem ist damit über die Sequenznummer des letzten zur Verbindung gehörenden Datenpakets informiert und kann dem Sender den Empfang der letzten Sequenznummer bestätigen (Schritt 2).

Es nimmt daraufhin keine weiteren Datenpakete über diese Verbindung an und informiert die Zielanwendung (zum Beispiel den Web- oder E-Mail-Dienst) darüber, dass die Verbindung abgebaut wird. Daraufhin sendet die Zielanwendung ihre eigene Endsequenznummer y (Schritt 3). Schließlich empfängt der Sender die FIN-Sequenz des Zielports, bestätigt diese (Schritt 4), und die TCP-Verbindung ist abgebaut.

HIGH SPEED – UDP

UDP oder wenn es besonders schnell gehen muss

Für den normalen Datenverkehr im Netz ist Sorgfalt oberstes Gebot. Modernes Streaming ist dafür aber zu ungeduldig. Hier schlägt die Stunde von UDP.

Das Transmission Control Protocol (TCP) gehört zum Kernstück des Internets und stellt über seine Funktionalitäten bereit, dass Daten über einen verbindungsorientierten Dienst immer sicher und vollständig dort ankommen, wo sie empfangen werden sollen. TCP spielt damit eine ganz zentrale Rolle unter den Bestandteilen der Internetprotokollsuite. Für eine Reihe spezieller Anwendungen allerdings kostet der Datentransfer mit TCP zu viel Performance. Das gilt für Anwendungen, bei denen der Datenaustausch sehr schnell gehen soll – so schnell, dass man dafür auch den einen oder anderen Fehler in Kauf nimmt, was die garantiert korrekte und vollständige Übertragung anbelangt. Dann kommt statt TCP das „User Datagram Protocol" (UDP) ins Spiel.

In den letzten Kapiteln wurde dargelegt, dass Datenübertragungen per TCP recht aufwändig sind. Um einen sicheren Datenaustausch zu ermöglichen, muss TCP erst eine Verbindung und die digitalen Anlegestellen in den Endsystemen aufbauen sowie einen Quittierungsmechanismus einrichten, um mit Übertragungsfehlern und Engpässen bei den Ein- und Ausgangspuffern von Sender und Empfänger umgehen und die Last auf der Internetschicht zwischen den Systemen regulieren zu können. Für bestimmte Datentransfers ist dieser Aufwand zu hoch.

© Der/die Autor(en), exklusiv lizenziert durch
Springer-Verlag GmbH, DE, ein Teil von Springer Nature 2021
C. Meinel und M. Asjoma, *Die neue digitale Welt verstehen*,
https://doi.org/10.1007/978-3-662-63701-2_20

Gerade wenn es um sehr kurze Nachrichten geht oder um Informationen, bei denen Datenpaketverluste wie beim Streaming verkraftbar sind, braucht es einfachere und schnellere Verfahren.

UDP ist angesiedelt auf der Transportschicht und bietet ein solches vereinfachtes Verfahren. Statt den aufwändigen Verbindungsauf- und -abbau zu durchlaufen, mit Handshakes und Verkehrskontrollen, definiert das Protokoll lediglich die Anlegestellen in den Endsystemen, also die Ports, die angesteuert werden sollen. So wird ein verbindungsloser Transferdienst bereitgestellt, bei dem keine Quittierung erfolgt. UDP setzt also auf den Protokollen der Internetschicht (IP) auf und bietet als zusätzliche Funktionalität bloß vordefinierte UDP-Ports, die gekapselt in IP-Paketen versendet werden. Von den Anwendungen auf der darüber liegenden Anwendungsschicht können vermittels von UDP-Nachrichten vor allem einfache Frage/Antwort-Interaktionen realisiert werden. Auch bei UDP gibt es festgelegte Portnummern wie beispielsweise für das Datenübertragungsprotokoll TFTP (Port 69), den Domain Name Service (Port 53) und viele mehr. Und wie auch mit TCP kann ein Rechner über UDP-Multiplexing mehrere Anwendungen und ihre Ports ansteuern. Weiterhin können TCP-Verbindungen und UDP-Interaktionen gleichzeitig und parallel laufen und Daten über das jeweils passende Protokoll komplementär übertragen. Dabei muss nur darauf geachtet werden, dass die Portnummern identisch sein müssen, wenn beide Protokolle bei einer gemeinsamen Datenübertragung im Spiel sind.

Auf Grund seiner simplen Funktionalität sind UDP-Header und UDP-Datagramm entsprechend simpel aufgebaut. Über maximal 64 Bit werden Quell-Port, Empfänger-Port, Datagrammlänge und Prüfsumme definiert. Der Rest ist Nutzlast.

Das schlanke UDP-Protokoll wird von vielen Diensten benutzt, um den reibungslosen und schnellen Datenverkehr im Alltag zu ermöglichen. Zu den wichtigsten Anwendungen gehört das „Dynamic Host Configuration Protocol" (DHCP), welches neue Rechner in Netzwerken mit IP-Adressen versorgt; außerdem der „Domain Name Service" (DNS) und das „Network Time Protocol" (NTP), mit dem Rechner im Netzwerk ihre Uhren vergleichen. Weiterhin kommt UDP bei Übertragungen zum Einsatz, wo Paketverluste verkraftbar sind, weil andere Mechanismen für eine Korrektur sorgen, oder weil, wie beim Streaming von Videos oder Audiodaten (zum Beispiel bei Voice-over-IP), einzelne Paketverluste bei der großen übertragenen Datenmenge kaum ins Gewicht fallen. Bei Paketverlusten kommt es nur zu ganz geringfügigen Beeinträchtigung von Bild oder Ton und auch ohne Segmentierung kann die Nachricht verstanden oder rekonstruiert werden.

Ein Nachteil bei der Nutzung von UDP besteht darin, dass Daten in der Regel nicht verschlüsselt übertragen werden. Denn ohne Verbindungsaufbau müsste jedes einzelne Paket neu verschlüsselt werden, und das widerspricht dem angestrebten Effizienzziel. Andererseits gibt es bereits heute erste Überlegungen, wie eine effiziente Verschlüsselung auch mit UDP gelingen kann, Kandidaten dafür werden unter den Namen „SRTP-" und „DTLS-Protokoll" untersucht.

SMPT

HTTP

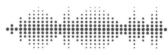

RTP

XMPP

IMAP

SIP

Von E-Mails zum Streaming

Dank TCP/IP funktioniert das Internetworking. Aber wie können Anwendungen das Internet nutzen? Es braucht ein weiteres entscheidendes Element.

Es war eine fantastische Leistung, einen weltweiten Rechnerverbund zusammenzuschalten und dafür zu sorgen, dass sich Rechner mit ganz verschiedenen Betriebssystemen vermöge der Internet- und Transportprotokolle verstehen können. Aber das Internet wurde nicht als Selbstzweck geschaffen, sondern um darüber zu kommunizieren, Informationen auszutauschen und Interaktionsmöglichkeiten für Dienste zu erstellen. Nichts davon würde funktionieren, wenn nicht Protokolle auf der Anwendungsschicht des Internet-Protokollstapels dafür sorgen würden, dass die Anwendungen ihre Daten über das Internet transportieren können. Die Anwendungsprotokolle im TCP/IP-Stapel bieten die Schnittstellen zwischen den Anwendungen und dem globalen Internet.

Unter den vielen Anwendungen war der E-Mail-Dienst die Killeranwendung. Sie bescherte dem Netz seinen Durchbruch und zog die Nutzer in ihren Bann. Die erste E-Mail wurde 1971 mit einer Vorgängerversion der heute genutzten IMAP- und SMPT-Protokolle versendet. Das erste Datentransferprotokoll FTP, das in den 1980er Jahren seine bis heute gültige Spezifizierung erhalten hat, wurde im gleichen Jahr programmiert. Das Domain Name System wurde 1983 von Paul Mockapetris geschaffen. Es übersetzt kinderleicht Namen von Internethosts in IP-Adressen und führt uns im Netz dahin, wo wir hinwollen. Das

© Der/die Autor(en), exklusiv lizenziert durch
Springer-Verlag GmbH, DE, ein Teil von Springer Nature 2021
C. Meinel und M. Asjoma, *Die neue digitale Welt verstehen*,
https://doi.org/10.1007/978-3-662-63701-2_21

WWW wurde 1989 von Tim Berners-Lee geschaffen, es verwendet das noch immer genutzte HTTP-Protokoll.

Andere Protokolle sind in der Öffentlichkeit weniger gut bekannt, so etwa das RTP-Protokoll (Realtime Transport Protocol). Es wurde 1996 geschaffen und ermöglicht uns heute, Filme, Musik und Echtzeit-Videokommunikation über das Internet zu streamen. Ein Instant Messenger verwendet hingegen in der Regel das Extensible Messaging and Presence Protocol (XMPP); Voice-over-IP, die Internettelefonie, das Session Initiation Protocol (SIP).

Jede der von uns ganz selbstverständlich genutzten Internetanwendungen braucht für ihre Funktionsfähigkeit jeweils ein oder mehrere Anwendungsprotokolle, und die sind auf der obersten Schicht, der Anwendungsschicht des TCP/IP-Protokollstapels angesiedelt. Sie nutzen die Protokolle der darunterliegenden Transport- und Internetschicht, um ihre dienstspezifischen und dienstspezifisch formatierten Daten über das Internet zu transportieren. Typischerweise nutzen sie das verbindungsorientierte TCP-Protokoll oder/und das verbindungslose UDP-Protokoll.

Ganz grundsätzlich funktioniert die Auslieferung von Diensten über das Internet nach dem Client/Server-Prinzip. Dieses beschreibt den Kommunikationsablauf zwischen den beteiligten Rechnern im Internet: Die „Server" bieten Informationen (Webseiten, E-Mails, Videos et cetera) und Ressourcen (Speicher, Rechenkapazität etc.) an und liefern diese auf Anfragen von „Clients" aus. Clients ihrerseits sind der aktive Part in der Kommunikationsbeziehung. Sie stellen Anfragen an einen Server und fordern die angebotenen Ressourcen an. Die Anfrage des Clients ist der „Request", die Antwort des Servers die „Response".

Wenn nun ein Client über eine Webseite auf einen Streamingdienst auf einem Server zugreifen will, dann kommuniziert die jeweilige Anwendung über die Protokolle der Transport- und Internetschicht auf den physischen Verbindungen in den jeweiligen Netzen und über deren Grenzen hinweg mit den entsprechenden Internet- und Transportprotokollen auf der Serverseite und liefert das angeforderte Video aus. Oder in der Techniksprache: Das Video wird gestreamt.

Egal welche Anwendung adressiert wird, entscheidend ist, dass sowohl auf der Server- als auch auf der Clientseite „Sockets" eingerichtet werden. Diese fungieren als eindeutige End-/Landepunkte der verteilten Anwendungen und gewährleisten den Ein- und Ausgang der transportierten Daten. Für jedes Anwendungsprotokoll gibt es deshalb eindeutige Sockets, die entsprechend angesteuert werden können.

Wie diese vielen Anwendungsprotokolle im Einzelnen wirken, ist Thema der kommenden Kapitel.

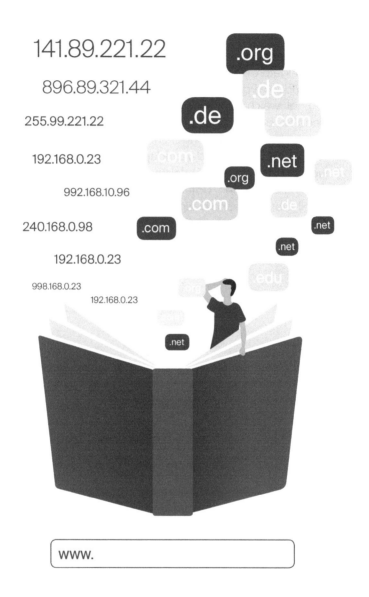

DNS – Telefonbuch des Internets

Webseitennamen versteht der Mensch, IP-Adressen der Computer. Ein Glück nur, dass es einen Dolmetscher gibt. Das Domain Name System macht es möglich.

Das Internet und das World Wide Web sind zwei verschiedene Dinge. Der Grund dafür, warum sie oft in einen Topf geworfen werden, liegt darin begründet, dass das Web die „Killer-App" des Internets ist, sprich: dessen meist genutzter Dienst. Weltweit können Menschen auf mehr als 1,75 Milliarden Webseiten surfen. Damit man aber Webseiten aufrufen kann, müssen die Rechner – also Server, die diese Webseiten hosten – global einen einzigartigen Namen haben, der ebenso für Menschen wie auch für Maschinen gut lesbar sein muss.

Das Problem hierbei ist allerdings, dass die Lesegewohnheiten von Mensch und Computer sehr unterschiedlich sind. Dieses Problem löst das „Domain Name System", das von vielen überhaupt nicht wahrgenommen wird, aber zu den wichtigsten Internetdiensten schlechthin gehört. Es funktioniert ähnlich wie die Telefonauskunft – zumindest in seiner Wirkung.

Computer verstehen nur Folgen aus Nullen und Einsen, und daher sehen auch Internetadressen nicht anders aus. Ihre genaue Gestalt wird über die gültigen Internetprotokolle IPv4 und IPv6 beschrieben. Eine IPv4-Adresse ist eine weltweit einzigartige Folge aus 32 Nullen und Einsen, die vereinfacht in vier Achterblöcke aufgeteilt und dann im Dezimalsystem mit vier Zahlen von 0 (entspricht der Folge 00000000) bis 255 (entspricht der Folge 11111111) aufgelöst werden können.

© Der/die Autor(en), exklusiv lizenziert durch
Springer-Verlag GmbH, DE, ein Teil von Springer Nature 2021
C. Meinel und M. Asjoma, *Die neue digitale Welt verstehen*,
https://doi.org/10.1007/978-3-662-63701-2_22

Die IP-Adresse des Webservers des Hasso-Plattner-Instituts lautet zum Beispiel „144.89.221.22". Noch komplizierter wird es bei IPv6-Adressen, die aus einer Folge von 128 Nullen und Einsen bestehen. Auch hier gibt es Kurzschreibweisen nach dem Hexadezimalsystem, wie zum Beispiel „E:C64::1342:E3E:FE"

Es ist klar, dass Menschen uns kaum verschiedene IPv4-Adressen, geschweige denn IPv6-Adressen merken können. Derart kryptische Zeichenketten auf Visitenkarten abzudrucken und im Webbrowser einzugeben, wäre im Alltag nicht praktikabel. Menschen benennen Webseiten anders – etwa nach den Namen der Institutionen wie www.hpi.de oder Verlagen wie www.springer.com. Mit solchen als Domainnamen bezeichneten Namen können Maschinen wiederum nicht umgehen. Deshalb braucht es einen Übersetzerdienst, der wie ein Telefonbuch zu einer IP-Adresse den zugehörigen Domainnamen und zum Domainnamen die zugehörige IP-Adresse bereitstellt. Ein entsprechender Internetdienst wurde 1983 von Paul Mockapetris eingeführt. Er entwickelte das Client-Server-basierte Domain Name System, das die (alpha-)numerischen IP-Adressen mit den von Menschen genutzten Domainnamen zusammenführt.

Ähnlich wie beim Aufbau einer IP-Adresse sind Domainnamen streng hierarchisch aufgebaut, um sicherzustellen, dass nach gleichen Standards weltweit eindeutige Domainnamen vergeben und dann eindeutigen IP-Adressen zugeordnet werden können. Ein typischer Domainname kann beispielsweise wie folgt aussehen: pc55.open.hpi.de

„pc55" und „open" werden als Subdomains bezeichnet, „hpi" als Domain. Ganz rechts steht die Top-Level-Domain. Sie bestimmt den Domainnamen-„Großraum", in diesem Fall die Adresse einer Institution in Deutschland. Die Domain ist der Name einer in Deutschland ansässigen Institution; und die Institution kann ihrerseits wiederum Subdomains definieren, um beispielsweise zwischen verschiedenen Abteilungen zu differenzieren. In dem Fall adressiert die Webseite den Rechner 55 bei openHPI, der Institution HPI, die in Deutschland registriert ist.

Damit das funktionieren kann, müssen auf der Ebene der Top-Level-Domain und der Domainnamen zentrale Vergabekriterien angelegt werden. Top-Level-Domains werden daher ausschließlich von der Organisation ICANN (Internet Corporation for Assigned Names and Numbers) mit Sitz in Los Angeles vergeben. Bis vor Kurzem gab es nur wenige Top-Level-Domains. Neben den länderspezifischen Domänen, deren Kennung in der ISO3166 festgeschrieben wurde, gab es eine kleine Auswahl von generischen Top-Level-Domains, unter anderem:

.com   für kommerzielle Unternehmen
.org   für internationale Organisationen
.net   für Netzwerkprovider
.edu   für US-Ausbildungseinrichtungen
.gov   für US-Regierungsbehörden

2013 wurde dann der Top-Level-Domain-Namensraum stark erweitert. Zahlreiche Organisationen hatten neue Top-Level-Domains beantragt und so zu einer Explosion des Namensraums beigetragen. Heute kann man Webseiten mit Top-Level-Domains wie .books, .singles, .berlin und vieles mehr nutzen. Die ICANN verwaltet die weltweit genutzten Top-Level-Domains und lizensiert diese an so genannte Registry-Behörden. Die verwalten jeweils alle Domänen unter ihrer Top-Level-Domäne.

Für Deutschland und die Top-Level-Domäne .de ist „DENIC eG" (Deutsches Network Information Center) in Frankfurt am Main als Registry-Behörde zuständig. Sie vergibt auf Antrag die Domainnamen und Internetadressen im deutschen DNS-Namensraum und überwacht, dass es beispielsweise nur eine Webadresse mit dem Namen hpi.de gibt.

Die wichtigste Aufgabe des Domain Name System ist also die Übersetzung des Namens eines Rechners in seine numerische IP-Adresse, so dass jeder andere Rechner, der nur den Namen dieses Rechners kennt, im Internet auf diesen über seine IP-Adresse zugreifen kann. So finden Mensch und Computer gemeinsam, wonach sie suchen.

Internetadresse	IP Adresse
www.hpi.de	141.89.221.22
www.polygraphdesign.com	255.99.221.22
www.uni-potsdam.de	992.168.10.96
www.wikipedia.de	192.168.0.23

übersetzen ✓

DNS oder wie der Computer weiß, wohin ich will

Zu jeder Webadresse muss die passende IP-Adresse gefunden werden. Das ist ein immenser Aufwand – nur gut, dass die Last auf viele Schultern verteilt werden kann.

So ganz einfach ist die Kommunikation zwischen Computern und Menschen nicht. Menschen hantieren am liebsten mit sprechenden Namen, wie „uni-potsdam.de" oder „wikipedia.de", wenn sie eine Seite im Internet ansteuern, der Computer kann diese aber nur mit einer IP-Adresse ansprechen – mit Hilfe einer Zahlenfolge also, der nur Fachleute ansehen, zu welcher Seite sie gehört.

Damit sich Mensch und Maschine beim Auffinden von Websites (oder allgemeiner „Hosts") im Internet verstehen, wurde das Domain Name System (DNS) entwickelt, ein System zur „Namensauflösung" von Domainnamen, das so ähnlich funktioniert wie die Telefonauskunft: Bei Angabe des Domainnamens wird die zugehörige IP-Adresse ausgegeben.

Wie so ziemlich alle Internetanwendungen erfolgt die Kommunikation auch bei DNS nach dem Server-Client-Paradigma. Das bedeutet, dass es spezielle DNS-Server gibt, deren Aufgabe es ist, Anfragen von Clients zur Namensauflösung von Internethosts bereitzustellen.

Möchte nun ein Internetnutzer eine bestimmte Internetseite aufrufen und gibt deren Adresse im Browser ein, sucht zunächst einmal sein eigener DNS-Server, ob er die zugehörige IP-Adresse aus früheren Verbindungsversuchen kennt. Findet er sie in seinem Cache-Speicher, kann direkt eine Verbindung hergestellt werden. Nur wenn sich kein Eintrag im Speicher findet, etwa, weil es keine frühere Interaktion mit dieser Adresse gab oder diese zu weit zurückliegt, tritt das eigentliche DNS-System in Aktion.

Man könnte nun auf die Idee kommen, dass es gut wäre, diesen „Übersetzungsdienst" durch einen zentralen DNS-Server bereitzustellen, der zu den Domainnamen aller Internethosts die zugehörige IP-Adressen kennt und global alle Anfragen bearbeitet. Auf Grund der gigantischen Zahl von mit dem Internet verbundenen Systemen ist dieser Gedanke jedoch unrealistisch: Ein solcher zentraler Server wäre chronisch überlastet, und ewige Wartezeiten wären die Folge. Deshalb wurde ein dezentraler DNS-Übersetzungsdienst aufgebaut, der sich an der hierarchischen Domainstruktur des Internets orientiert.

An einem konkreten Beispiel lässt sich die genaue Funktionsweise der Namensauflösung über die DNS-Regionen am besten beschreiben. Nimmt man an, dass Forscherkollegen an der Stanford University auf die Website des HPIs zugreifen wollen und deren IP-Adresse nicht kennen. Dann verläuft die Suche nach der IP-Adresse des HPI gemäß der Abbildung 15.

1. Ein Forscher an der Informatikfakultät der Stanford University gibt die gewünschte Internetadresse ein, sein lokaler Client versucht daraufhin, die IP-Adresse mit Hilfe seines lokalen DNS-Servers herauszufinden. Das gelingt, wenn bereits Interaktionen zwischen der Informatikfakultät der Stanford University und dem HPI stattgefunden haben, und die IP-Adresse im Cache gespeichert ist. Findet sich die zugehörige IP-Adresse im Cache-Speicher des DNS-Servers, kann die Website des HPIs kontaktiert werden.

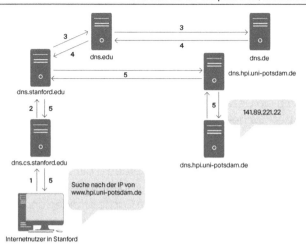

Abb. 15: Domainnamenauflösung über DNS-Regionen

2. Ansonsten wendet sich der DNS-Server der Infor-matikfakultät (nun seinerseits als DNS-Client) an den übergeordneten DNS-Server der Stanford University. Wenn auch dort die IP-Adresse nicht bekannt ist, ...

3. ... gibt der DNS-Server die Anfrage weiter an den DNS-Server der Top-Level-Domain „.edu", die dann mit dem DNS-System der Top-Level-Domain des HPI „.de" kommuniziert und die Anfrage weiterleitet.

4. Die Anfrage wird bejaht und mit der Information ver-sehen, dass diese Domain vom DNS-Server der Uni-versität Potsdam verwaltet wird.

5. Das führt dazu, dass der Stanforder DNS-Server Kon-takt zum DNS-Server der Universität Potsdam auf-nimmt. Der ermittelt nun die IP-Adresse (141.89.221.22) des zu einer Subdomain von ihm gehörenden HPIs und übermittelt die IP-Adresse an den Stanforder DNS-Server, der diese schließlich über den DNS-Server der Informatikfakultät an den Client des an-fragenden Internetnutzers ausliefert.

Hier wird deutlich, dass ohne die im Beispiel schon beschriebenen Cache-Zwischenspeicher bei den DNS-Servern das Überlastungsproblem nicht gelöst wäre. Ansonsten müsste nämlich jede Anfrage bis zur obersten Instanz im DNS-System weitergeleitet werden – und durch die Dezentralität wäre nichts gewonnen.

Der Cache-Mechanismus stellt sicher, dass jede aufwändig ermittelte Anfrage zu einer bestimmten IP-Adresse im Cache-Speicher der jeweiligen DNS-Server für eine bestimmte Zeit aufbewahrt werden – als würde sich der Server erinnern. So kann bei späteren gleich lautenden Anfragen die Antwort aus dem Cache erfolgen und muss nicht durch aufwändige Interaktionen mit anderen DNS-Servern gesucht werden. Das ergibt eine enorme Entlastung, insbesondere bei den Top-Level-DNS-Servern, und die Internetnutzer haben die gewünschten Dienste im Internet ohne Wartezeiten.

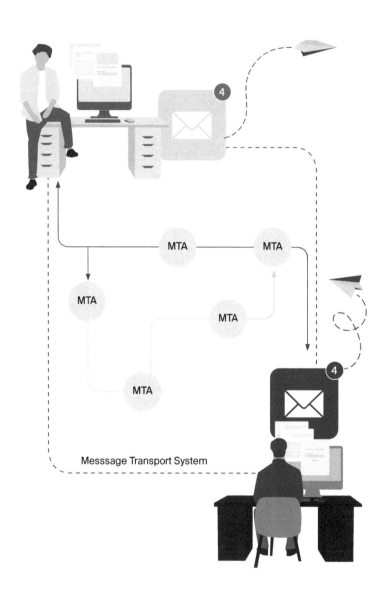

Messsage Transport System

Wie E-Mails ihren Empfänger erreichen

Tagtäglich werden hunderte Milliarden E-Mails über das Internet versandt. Doch was läuft hinter den Kulissen ab, wenn Sie auf „Senden" drücken?

Die E-Mail gehört zweifellos zu den beliebtesten Anwendungen des Internets. Schließlich vereinfacht sie die weltweite Kommunikation und macht es möglich, dass wir preiswert und in Echtzeit mit Menschen auf dem gesamten Globus kommunizieren können. Heute werden auf der ganzen Welt jeden einzelnen Tag über 300 Milliarden (!) E-Mails versendet und empfangen, und dabei sind die ganzen Spam-Mails nicht einmal mitgezählt. Allein in Deutschland werden jährlich über 850 Milliarden E-Mails versendet. Es war die „Killer-Applikation" des Internets: Hätte es die elektronische Post nicht gegeben, hätte das weltweite Netz womöglich nicht so schnell und so umfassend Verbreitung gefunden.

Entwickelt wurde diese bis heute so erfolgreiche Internetanwendung von Ray Tomlinson, der bereits 1971 die erste elektronische Post über das ARPANET versendete. Die erste E-Mail in Deutschland wurde dagegen erst im Jahr 1984 von Michael Rotert empfangen.

Die elektronische Post bildet die klassische Post nach, ihr Aufbau ähnelt einer gewöhnlichen Postkarte. Jede E-Mail hat ein Adressfeld, einen Briefkopf und eine (Text-) Nachricht, wie in Abbildung 16 (Seite 142) dargestellt.

Für die Beschreibung der E-Mail-Adresse, die aus dem Postfach des Adressaten und dem Domain-Namen seines Mailservers besteht, wird das inzwischen berühmte „at"-Zeichen verwendet, das beide Angaben trennt.

© Der/die Autor(en), exklusiv lizenziert durch Springer-Verlag GmbH, DE, ein Teil von Springer Nature 2021
C. Meinel und M. Asjoma, *Die neue digitale Welt verstehen*, https://doi.org/10.1007/978-3-662-63701-2_24

Abb. 16: Schematischer Aufbau einer E-Mail

Natürlich muss die E-Mail-Adresse weltweit eindeutig sein, sonst kann die Zustellung nicht klappen. Das sicherzustellen, ist die Aufgabe des entsprechenden E-Mail-Providers. Eine typische E-Mail-Adresse enthält also den Benutzernamen des Postfachs („christoph.meinel"), die Kennzeichnung, dass es sich um eine E-Mail handelt („@") und den DNS-Namen des E-Mail-Servers, der das Postfach enthält („hpi.de").

Das E-Mail-System selbst besteht aus mehreren Komponenten: (1) dem Internet als Netzwerkinfrastruktur, (2) den User-Agenten (UA) zum Absenden und Empfangen von E-Mails und (3) den Message-Transfer-Agenten (MTA), die dafür zuständig sind, dass E-Mails über das Internet an den Mailserver mit dem richtigen Postfach geleitet werden.

Das Schaubild am Anfang des Kapitels verdeutlicht den Prozess, bei dem E-Mails über geeignete MTAs zwischen User Agenten ausgetauscht werden.

Wie für jede Internetanwendung braucht es auch für das E-Mail-System spezielle Protokolle auf der Anwendungsschicht des TCP/IP-Stapels. Für den Transport von E-Mails über das Internet ist das „Simple Mail Transfer Protocol" (SMTP) zuständig. Es regelt den technischen

Verlauf von E-Mail-Versendungen über die MTAs durch das Message Transport System. Abbildung 17 illustriert den Algorithmus.

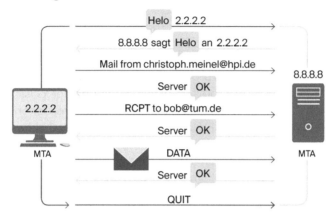

Abb. 17: Schematischer Prozess des Simple Mail Transfer Protokolls (SMTP)

Im ersten Schritt schickt der Sender-MTA (SMTA) eine „Grußbotschaft" an den Empfänger-MTA (EMTA), die die Nachricht „Helo" und die IP-Adresse des SMTA enthält. Damit signalisiert der SMTA, eine Nachricht senden zu wollen. Der EMTA erwidert die Grußbotschaft und sendet seine IP-Adresse zurück. Anschließend tauschen die beiden MTAs Informationen über Sender und Empfänger der Nachricht aus (hier: christoph.meinel@hpi.de und bob@tum.de). Nun kann der Datentransfer erfolgen und die Nachricht über das TCP-Protokoll übertragen werden. Nach Abschluss des Transfers bestätigt der EMTA, die Nachricht vollständig erhalten zu haben, und der SMTA schließt die Kommunikation ab.

Dieses Verfahren wiederholt sich zwischen den einzelnen Stationen im komplexen MTA-System mehrmals, bis die E-Mail schließlich ihren Weg vom Sender zum Empfänger gefunden hat.

Das SMTP-Protokoll erlaubt dabei nur die Übermittlung von E-Mails mit 7-bit ASCII-Zeichen über das Internet – sprich: reinen Text. Wenn eine Mail Bilder, Audiodaten oder Video übertragen soll oder auch die vielen Sonderzeichen der verschiedenen Sprachen, braucht es ein weiteres E-Mail-Protokoll, den MIME-Standard. Außerdem werden noch Mechanismen gebraucht, um E-Mails an ihre Empfänger auszuliefern. Als Nutzer wollen wir auf unsere E-Mails ja zugreifen, wann immer uns das passt. Auch wollen wir auf unsere E-Mails mit verschiedenen Geräten zugreifen, zu Hause mit dem Laptop und unterwegs mit dem Smartphone. Auch dazu braucht es weitere E-Mail-Protokolle. Die wichtigsten sind POP3 und IMAP, die zusammen mit dem MIME-Standard im nächsten Kapitel ausgeführt werden.

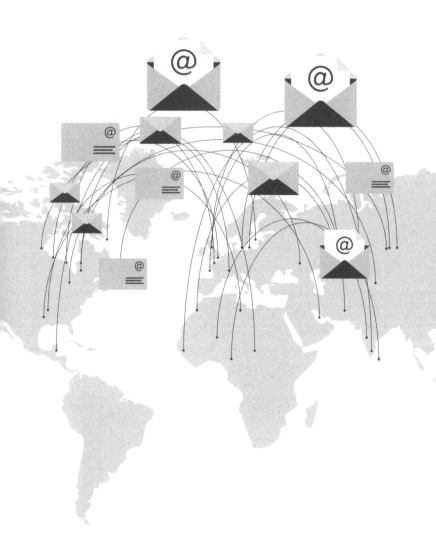

Wie die E-Mail zur kommunikativen Allzweckwaffe wurde

E-Mails zu versenden, ist eine der ersten Anwendungen im Internet. Aber erst dank neuer Standards und Protokolle können wir sie so bequem und bunt nutzen.

Aus dem Alltag der meisten Menschen sind E-Mails längst nicht mehr wegzudenken. Täglich werden Milliarden davon versendet, die elektronische Post ist weltweit zu einer Allzweckwaffe der digitalen Kommunikation geworden. Dafür brauchte es – neben dem Internet – leistungsfähige Protokolle auf der Anwendungsschicht des TCP/IP-Protokollstapels.

Sie erlauben es, innerhalb eines Netzwerks Postfächer für verschiedene Empfänger zu betreiben, E-Mails auf unterschiedlichen Endgeräten abzurufen und auch komplexere Datentypen zu versenden. Das SMTP-Protokoll, das im letzten Kapitel genauer betrachtet wurde, erlaubt ja nur das Versenden von E-Mails mit Textnachrichten aus Zeichen des 7-Bit-ASCII-Zeichenvorrats, also nicht einmal die Übertragung nationaler Sonderzeichen, wie ä, ü oder ö. Damit all das und mehr möglich wird, braucht es weitere E-Mail-Protokolle, wie zum Beispiel POP3, IMAP und MIME.

Das POP3-Protokoll (Post Office Protocol 3) ermöglicht die störungsfreie Verwaltung von E-Mail-Postfächern verschiedener Nutzer innerhalb einer Domain. In lokalen Netzwerken ist meist ein einziges „E-Mail-Gateway" eingerichtet, das alle E-Mails der Nutzer des Netzwerks empfängt und in deren Postfach ablegt (ähnlich wie bei

147

einem analogen Postfach innerhalb eines Unterneh-
mens). Mit Hilfe des POP3-Protokolls können die Nutzer
innerhalb des Netzwerks von ihrem Rechner, dem POP3-
Client, die E-Mails aus ihrem Postfach beim Gateway,
dem POP3-Server, abrufen. Das POP3-Protokoll nutzt
wie die anderen E-Mail-Protokolle auch das verbindungsorientierte TCP als Transportprotokoll mit dem festgelegten Port 110. Abbildung 18 veranschaulicht, wie der
Absender einer Mail über das Gateway mit dem Empfänger kommuniziert.

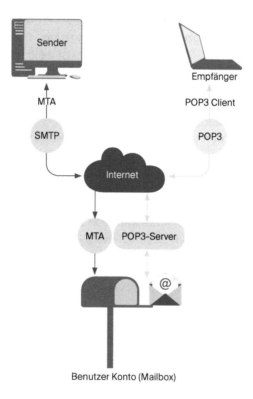

Abb. 18: Schematischer Prozess des Post Offices Protokolls 3 (POP3)

Die E-Mail wird mit dem SMTP-Protokoll auf ihren Weg über die Message Transfer Agenten (MTA) versendet und gelangt schließlich zum E-Mail-Gateway im Netz des Empfängers. E-Mail-Gateways verfügen über eine MTA-Komponente und einen POP3-Server und stellen für jeden Nutzer im Netzwerk ein Postfach bereit. Der Empfänger der Mail hat ein Zugriffsrecht auf sein Postfach und kann vermittels seines POP3-Clients nach einer Identifikation (typischerweise persönliches Passwort) die an ihn gerichteten E-Mails auf seinen Rechner herunterladen.

Mit POP3 können immer nur sämtliche im Postfach eingetroffenen E-Mails im Block heruntergeladen werden. Vorher auszuwählen, welche Mail man eigentlich lesen möchte, das geht mit POP3 nicht. Das ist natürlich höchst unpraktisch, wenn man wie heute üblich über mehrere Endgeräte (Smartphone, Tablet, Laptop, Standrechner) verfügt und situationsbezogen über verschiedene Geräte auf einzelne Elemente im Postfach zugreifen möchte.

Möglich macht das erst das IMAP-Protokoll (Interactive Mail Access Protokoll, TPC-Port 143). Es regelt das Synchronisieren der Postfachverwaltung auf mehreren Endgeräten. IMAP bietet dem Nutzer den Service, E-Mails in seinem Netzwerkpostfach zu filtern, je nach Betreff oder Absender auszuwählen und mit dem gerade verfügbaren Gerät zu lesen und zu bearbeiten. Der Empfänger hat den Eindruck, dass er die E-Mail auf sein Gerät heruntergeladen hat, in Wirklichkeit ist die E-Mail im Postfach des E-Mail-Gateways verblieben, ihm wurde lediglich eine Kopie übersandt. Greift er mit einem anderen Gerät auf sein Postfach zu, dann kann er mit diesem die gleiche E-Mail lesen, bei POP3 wäre sie nicht mehr im Postfach. Das erleichtert natürlich den Umgang mit den eigenen E-Mails. Die Nutzer können sehen, wann welche E-Mail eingetroffen ist und beliebig entscheiden, welche E-Mail sie lesen, bearbeiten oder beantworten wollen. Das

IMAP-Protokoll erleichtert auch den Umgang mit Mails in Fällen, in denen wenig Rechenleistung oder Datenübertragungskapazität zur Verfügung steht, wie zum Beispiel am Smartphone, da zunächst nur Header-Informationen heruntergeladen werden. Auch dies ein entscheidender Schritt für die E-Mail auf dem Weg zum wichtigsten Kommunikationsmedium der Gegenwart.

Mindestens ebenso wichtig für den globalen Erfolg war aber außerdem, dass E-Mails nicht nur, wie bei der Konzeption des SMTP-Protokolls festgelegt, Textnachrichten aus maximal 128 Zeichen transportieren konnten. Dank des 1993 eingeführten MIME-Standards (Multipurpose Internet Mail Extension) können E-Mails heute ebenso Fotos, Audiodateien und Videos übertragen. Damit sich auch andere Daten als die ursprünglich vorgesehenen 7-Bit-ASCII-Zeichen versenden lassen, wurde ein Übersetzungsdienst für andere Medien kreiert. Der MIME-Standard legt fest, wie diverse Codierungsstandards (8-Bit-ASCII, Base 64, Bildcodierungen und mehr) in die 7-Bit ASCII-Zeichensprache übersetzt werden. So können wir die ganze multimediale Vielfalt an Informationen per E-Mail versenden, die wir im Alltag kennen und ohne die der digitale Postdienst nur halb so reizvoll wäre.

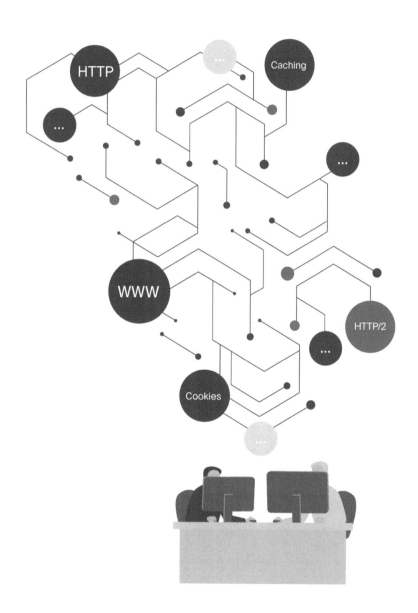

Wie das WWW unsere Welt verändern konnte

Von Cookies bis Caching – dank zahlreicher Schlüssel-innovationen wird das WWW zur Killer-App des Internets.

Als das Internet, das Netz der Netze in die Welt kam, konnten zunächst nur ganz wenige Experten die Technologie nutzen und über den neuartigen Netzverbund hinweg miteinander kommunizieren. Komplizierte und für den Laien unverständliche Kommandos waren nötig, um Informationen auszutauschen und die neu entstehenden Netzdienste zu nutzen. Erst mit der Erfindung des World Wide Webs und der Browser mit intuitiv zu bedienenden grafischen Oberflächen wurde das Internet zum Massenphänomen. Nutzbar ganz ohne unverständliche Kommandos, einfach per „point and click" – und unser aller tägliches und berufliches Leben hängt mehr und mehr von dieser Welt der Webdienste ab.

Während man in der Anfangszeit noch sehr viel Aufwand betreiben musste, um „online zu gehen", Netzwerke mussten zusammengeschaltet und eine Verbindung durch Einwahl aufgebaut werden, ist man heute praktisch ohne eigenes Zutun permanent online, LAN- oder Mobilfunktechniken machen das auch unterwegs möglich. Das wirft natürlich viele grundsätzliche Fragen auf. Gestalten wir die Veränderungen in Wirtschaft und Gesellschaft, die durch die neuen digitalen Technologien möglich geworden sind, oder werden wir getrieben von der Entwicklung dieser Technologien und Systeme? Sind wir in der Lage, digital souverän und mündig mit diesen

© Der/die Autor(en), exklusiv lizenziert durch
Springer-Verlag GmbH, DE, ein Teil von Springer Nature 2021
C. Meinel und M. Asjoma, *Die neue digitale Welt verstehen*,
https://doi.org/10.1007/978-3-662-63701-2_26

neuen digitalen Systemen umzugehen, und den Daten, die sie permanent produzieren?

Auch das Thema Privatsphäre muss neu gedacht werden, denn die digitalen Systeme hinterlassen permanent Spuren, ohne diese können sie nicht funktionieren. Bestimmte Dienste können wir nicht nutzen, ohne dass das System genau weiß, wo wir uns gerade aufhalten. Das Internet verändert unser ganzes Leben in allen Bereichen, im Privaten, Wirtschaftlichen und Gesellschaftlichen. Deshalb ist es so wichtig, das Internet und die Angebote der von ihm aufgespannten digitalen Welt nicht nur zu nutzen, sondern auch zu verstehen, wie sie funktionieren.

Die meisten Menschen haben über das World Wide Web Zugang zum Internet, deshalb werden beide Begriffe oft synonym gebraucht, auch wenn es das Internet schon weit vor dem WWW gab. Letzteres entstand erst vor 30 Jahren am europäischen Kernforschungszentrum CERN. Tim Berners Lee und Robert Cailliau entwickelten dort die Internetanwendung WWW als Lösung für ein stets akutes Problem in einem solchen Forschungszentrum mit rotierenden Mannschaften internationaler Teams: Wie können die Gastforscher des CERN, nachdem sie aus der Schweiz an ihre Heimatinstitutionen zurückgekehrt sind, auf die am CERN erhobenen Experimentaldaten effizient zugreifen und mit ihnen weiterarbeiten, sie auswerten und teilen? Tim Berners Lee und Robert Cailliau entwickelten dazu einen einfachen Abrufdienst, mit dem diese Daten und andere Informationen über das Internet und Ländergrenzen hinweg einfach abgerufen werden können. Es war den beiden WWW-Pionieren zu diesem Zeitpunkt sicher nicht bewusst, was für einen revolutionären Dienst sie mit seinem weltverändernden Potenzial geschaffen hatten.

Um das Web (nach der E-Mail) zur zweiten „Killer-Anwendung" des Internets zu machen, mussten zahlreiche Herausforderungen überwunden werden. Zu den Lösungen, die dabei gefunden wurden, zählt unter anderem das HTTP-Protokoll. Es gehört zu den wichtigsten Internetprotokollen überhaupt und hat im Lauf der Entwicklung zahlreiche Updates (aktuell HTTP/2) und Erweiterungen erfahren. Zur Identifizierung der unzähligen Ressourcen stehen die weltweit eindeutigen URLs bereit. Und natürlich müssen die Web-Ressourcen für Browser verständlich beschrieben werden, eine Aufgabe, die HTML übernimmt. Ohne Caching, das Kurzzeitgedächtnis des Webs, wäre das Internet ständig überlastet, Cookies helfen dabei, dass sich Websites an uns „erinnern" und wir so bequem online shoppen, streamen und spielen können, wie wir es inzwischen gewohnt sind. Schließlich hat es auch Erweiterungen im Sicherheitsbereich gebraucht, damit das World Wide Web nicht unter Kriminalität begraben wird. In den kommenden Beiträgen werden diese und weitere wichtige Helfer vorgestellt, die das Web zu dem machen, was wir kennen und schätzen.

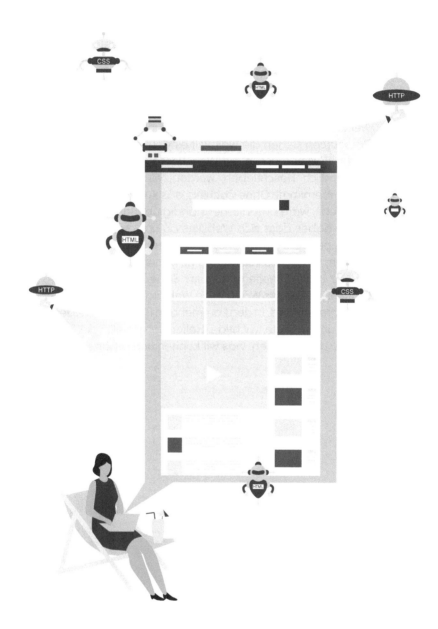

HTTP, HTML, CSS – Aufbauhelfer im Web

Von diesen Protokollen und Beschreibungssprachen bekommt man als Nutzer kaum etwas mit. Dabei sind sie die Grundfesten des Web.

Das WWW bietet heute einen riesigen Speicher von Informationen, Anwendungen und Zugängen zu ganz unterschiedlichen Diensten, auf die, dem Client-Server-Prinzip folgend, über das Internet mit Hilfe des „Hypertext Transfer Protocol" (HTTP) zugegriffen werden kann. Die Informationen und Ressourcen – Webseiten oder Websites – haben die Form von „Hypertext"-Dokumenten beziehungsweise von „Hypermedia"-Dokumenten, denn schon lange geht es nicht mehr wie anfangs nur um Textdokumente. Hypermedia-Dokumente werden vermittels HTML beschrieben und sind untereinander über „Hyperlinks" verbunden, im Alltag spricht man natürlich einfach nur von „Links". Die Gesamtheit dieser verlinkten Dokumente bietet ein gigantisches Netzwerk an Informationen und Diensten, die dank intuitiv nutzbarer Browser ganz einfach über das Internet erreichbar sind.

Im Web kann grundsätzlich jeder seine Informationen und Dienste über das Internet anbieten. Die angebotenen Medien und Daten sind dazu in Hypermedia-Dokumente (Webseiten) zu „verpacken". Sie können Musik, Text, Video enthalten oder auf Dienste aller Art verweisen, wie zum Beispiel Onlineshops, Partnerbörsen oder Onlinebanken. In die Hypermedia-Dokumente können Links eingebaut werden, die auf andere Stellen innerhalb des Dokuments verweisen oder auf externe Hypermedia-Dokumente, die auf anderen über das Internet erreichbaren Servern

© Der/die Autor(en), exklusiv lizenziert durch
Springer-Verlag GmbH, DE, ein Teil von Springer Nature 2021
C. Meinel und M. Asjoma, *Die neue digitale Welt verstehen*,
https://doi.org/10.1007/978-3-662-63701-2_27

gespeichert sind.

Hypermedia-Dokumente werden in einer eigens für das Web erstellten Beschreibungssprache verfasst, der Hypertext Markup Language (HTML). Sie regelt die Beschreibung der inhaltlichen Struktur des WWW-Dokuments (Überschriften, Gliederung, Absätze, Tabellen, ...), wie die Links in das Dokument eingebaut und multimediale Komponenten eingebunden werden. HTML ist inzwischen, anders als in den frühen Tagen des Webs, nicht mehr zuständig für die Beschreibung der grafischen Gestaltung, das ist Aufgabe der „Cascading Style Sheets" (CSS), eine Beschreibungssprache für Aussehen der in den HTML-Dokumenten vorkommenden Strukturelemente. Diese Aufgabenteilung ist sehr sinnvoll und Voraussetzung für „responsives" Design, bei dem sich das Layout der Website dem Ausgabegerät anpasst, sei es ein großer oder ein kleiner Bildschirm, ein Smartphone oder gar ein Audiogerät. Dank der Kombination von HTML und CSS funktioniert dies, ohne dass dafür die in HTML beschriebenen Inhalte verändert werden müssten.

Nicht verwechseln darf man die Beschreibungssprache HTML mit dem Protokoll HTTP. Dessen Aufgabe ist es, zu ermöglichen, dass Nutzer mit Hilfe ihres Internetbrowsers Web-Ressourcen anfordern und erhalten können. Das HTTP-Protokoll gehört zur Anwendungsschicht des TCP/IP-Protokollstapels und ist ein sehr einfaches und zustandsloses Protokoll, das einen simplen Frage/Antwort-Mechanismus (Request/Response) als Client-Server-Interaktion realisiert. Die einzelnen Ausführungsschritte von HTTP bleiben hinter dem grafischen Nutzer-Interface der WWW-Browser verborgen, und es genügt, einfach durch Mausklick auf einen Link im angezeigten Webdokument oder durch Eingabe des Webseitennamens (URL) eine Ressource im Web anzufordern. Als zustandsloses Protokoll kann sich HTTP nicht merken, welche Interaktionen zuvor bereits stattgefunden haben. Um eine zusammengehörige Abfolge von Request/Response-Zyklen, wie man sie etwa vom Besuch eines Webshops gewohnt ist, als Nutzersession verwalten zu können, braucht es zusätzliche Verfahren und Workarounds.

Damit das HTTP-Protokoll seinen Dienst verrichten und wir mit Links auf Hypermedia-Dokumente im Web verweisen können, müssen die Fundstellen der Dokumente im Web weltweit eineindeutig identifizierbar sein. Das geschieht über so genannte URLs, die „Uniform Resource Locators". Das sind Website-Adressen, die man im Browser eingibt oder in einem Link hinterlegt, damit das HTTP-Protokoll diese anfordern kann. http://www.hpi.de/index. html ist ein Beispiel für die URL der Startseite der Website des Hasso-Plattner-Instituts. Die URL beschreibt, wie die Webseite erreichbar ist, also

1. Name des Zugriffsprotokolls, über das die Webseite angefordert werden kann, zum Beispiel http,
2. IP-Adresse oder Domainname des Servers, auf dem die Website gespeichert ist (hier: hpi.de), und
3. die Stelle (der Pfad) in dessen File-System, an der die Website abgespeichert ist (hier: /index.html).

Fordert der Browser unter einer URL ein Web-Dokument an, dann stellt HTTP bei dem in der URL angegebenen Server (hpi.de) einen Request nach diesem Dokument (/index.html). Der Server prüft die Zugriffsberechtigung des anfordernden Nutzers/Browsers und gewährt gegebenenfalls den entsprechenden Zugriff auf die in der URL angegebene Stelle im lokalen File-System, in der das gewünschte Dokument abgelegt ist. Anschließend wird das Dokument per HTTP an den anfragenden Browser ausgesendet. Der empfängt das Web-Dokument, interpretiert es und stellt es für den Nutzer dar.

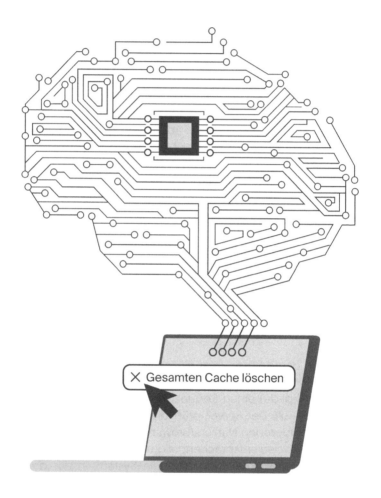

Gesamten Cache löschen

Der Cache, das Kurzzeitgedächtnis des Internets

Im Internet werden heute Daten in gigantischem Ausmaß transportiert. Ein Glück, dass man an strategischen Stellen Depots anlegen kann: Caches verhindern überflüssige Datenbewegungen.

Heute nutzen nicht nur Milliarden von Menschen das World Wide Web, sondern auch unzählige autonom agierende Anwendungen und IT-Systeme, so genannte Webservices. Es ist klar, dass dabei gigantische Mengen an Daten hin und her geschoben werden müssen. Während 2007 noch zirka 54 Exabyte an Daten über das globale Internet flossen, waren es 2017 schon 1,1 Zettabyte. Oder in etwas vertrauteren Einheiten ausgedrückt: Aus 54 Milliarden Gigabyte wurden 1100 Milliarden Gigabyte. Für 2022 schätzt die Internationale Energieagentur (IEA) den Umfang des Datenverkehrs gar auf 4,2 Zettabyte (4200 Milliarden Gigabyte).

Solche Datenströme müssen gehandhabt werden. Das kann einerseits dadurch geschehen, dass man bessere Internetleitungen baut und zusätzliche, am besten größere Datenzentren einrichtet, also insgesamt mehr Ressourcen aufwendet. Andererseits ist es auch schon allein aus Gründen der Energiesparsamkeit notwendig, darüber nachzudenken, ob man nicht mit Hilfe von Software verhindern kann, dass Daten unnötig oft bewegt werden.

In der Informatik hat sich dabei die gut bekannte Technik des „Caching" bewährt. Sie ist eine Art Kurzzeit-

© Der/die Autor(en), exklusiv lizenziert durch
Springer-Verlag GmbH, DE, ein Teil von Springer Nature 2021
C. Meinel und M. Asjoma, *Die neue digitale Welt verstehen*,
https://doi.org/10.1007/978-3-662-63701-2_28

gedächtnis des Webs. Denn sie erlaubt es, die Daten-
autobahnen zu entlasten, indem sie Antwortdaten, die
eigentlich von Anfrage zu Anfrage unverändert bleiben,
aus dem Verkehrskreislauf nimmt.

Die meisten Webseiten und Webdokumente sind heute noch relativ statisch. Man denke an die Homepages
der Unternehmen und Organisationen: Die Angaben zu
Produkt, Öffnungszeiten und Personal ändern sich kaum
oder zumindest ganz langsam. Deshalb ist es sinnvoll,
über Zwischenspeicher nachzudenken, die nahe beim
Benutzer liegen und für wiederholte Besuche der gleichen Website innerhalb kurzer Zeit die Daten speichern.
Man spart so einen erneuten Datentransfer über das Netz.

Derartige Zwischenspeicher heißen Caches und werden innerhalb der Client-Server-Interaktionen im Internet
wirksam. Sie sind zwischen dem Nutzer (Client oder Webbrowser) und der Informationsquelle (Webserver) angesiedelt und speichern für eine begrenzte Zeit alle vom
Nutzer beim Server angeforderten Informationen. Wenn
eine Informationsressource erneut angefordert wird,
kann diese vollständig aus dem nahe liegenden Cache-
Zwischenspeicher abgerufen werden. Im Ergebnis lässt
sich so die Serverlast und das Kommunikationsaufkom-
men im Internet drastisch reduzieren.

Caches können zwischen Client und Server an ganz
verschiedenen Stellen platziert werden:

Clientseitiger Cache: Der Zwischenspeicher liegt direkt
im Browser des Nutzers und hält sämtliche Antworten auf
dessen Anfragen vor. Wenn ein Nutzer im Web auf einer
Website und deren Unterseiten surft und wiederholt auf
Ressourcen dieser Website zugreift, dann müssen diese
nicht immer wieder neu über das Internet übertragen
werden, sondern können direkt aus dem Cache im Browser dem Nutzer angezeigt werden.

Eigenständiger Cache: Ist man in einem größeren Netzverbund unterwegs, wie zum Beispiel in einem Unternehmensintranet, dann ist es sinnvoll, einen Cache beim Gateway des Intranets, also an der Schnittstelle des lokalen Netzes zum Internet, zu platzieren. So können Anfragen von verschiedenen Nutzern des Intranets an die Webserver, deren Ressourcen bereits einmal angefragt und übertragenen wurden, direkt aus einem solchen lokalen Cache beantwortet werden. Das Intranet muss dazu nicht verlassen werden.

Serverseitiger Cache: Viele Server stellen die Antwort auf eine Anfrage dynamisch mit Hilfe von Webanwendungen zusammen. In einem beim Server platzierten Cache können diese Antworten für gleichlautende spätere Anfragen zwischengespeichert werden. Sie müssen dann nicht mehr aufwändig erzeugt werden, sondern können direkt aus dem Cache ausgeliefert werden.

Tatsächlich sind im Internet komplexe Cache-Architekturen installiert. Ziel ist dabei immer, Übertragungskapazitäten im Internet so effizient als möglich zu nutzen, dem Nutzer angefragte Informationen mit geringerer Wartezeit auszuliefern und die Berechnungsaufwände und Energiebedarfe auf Seiten der Webserver zu minimieren.

Caching macht aber nur Sinn, wenn die im Cache gespeicherten Ressourcen auch tatsächlich aktuell sind. Niemand möchte inzwischen längst überholte Inhalte ausgespielt bekommen. Wenn also eine Information über das Netz angefragt wird und irgendwo zwischen Client und Server Caches aktiv sind, müssen diese entscheiden, ob sie über die angefragte Information verfügen und, wenn ja, ob diese noch aktuell ist. Nur dann darf die Ressource dem Nutzer aus dem Cache verfügbar gemacht werden. Wenn eins von beiden nicht zutrifft, muss die Anfrage über das Internet an den Server weitergeleitet werden.

Um zu verhindern, dass veraltete Informationen ausgeliefert werden – man spricht hier von „Cache-Konsistenz" –, gibt es verschiedene Ansätze. So werden Webdokumente mit einer Gültigkeitsdauer („max-age: t") versehen, die typischerweise in Sekunden angegeben wird. Wird ein Dokument in einem Cache zwischengespeichert, dann wird es mit einem Zeitstempel versehen, anhand dessen später entschieden werden kann, ob das Dokument noch gültig ist und ausgeliefert werden kann oder ob sein Verfallsdatum überschritten ist. In diesem Fall müsste es erneut beim Webserver angefordert werden. Anbieter hochdynamischer Informationsinhalte oder besonders schützenswerter Daten können mit den Befehlen „no-cache" auch veranlassen, dass der Cache die Gültigkeit der Ressource stets beim Server validiert. Mit „no-store" lässt sich die Zwischenspeicherung im Cache ganz verbieten.

Wenn ein Verfallsdatum überschritten wird, könnte man die Cache-Information einfach löschen und bei erneuter Anfrage die vollständige Information neu laden. Klüger ist es aber, die Cache-Information beizubehalten und den Cache-Befehl von „max-age: t" auf „no-cache" zu stellen. Dann kann ein als „Content-Revalidierung" bezeichneter Algorithmus zum Einsatz kommen, der, anstatt die Ressource vom Ursprungsserver vollständig neu zu laden, diesen zunächst nur fragt, ob sich die Ressource seitdem im Cache vermerkten Zeitpunkt verändert hat. Ist das nicht der Fall, kann die Information aus dem Cache weiterverwendet werden. Nur wenn die Information als veraltet zurückgemeldet wird, muss sie komplett neu übertragen werden.

Die beschriebenen Cache-Mechanismen sind von zentraler Bedeutung für die Effizienz der Kommunikation im World Wide Web. Sie stellen sicher, dass die Nutzer schnell an die gewünschten Informationen und Dienste kommen und das Internet den dazu notwendigen Daten-verkehr schultern kann.

Ist das Web ein Cookie-Monster?

Nur mit HTTP ist das WWW kein WWW, so viel ist sicher. Cookies helfen beim flüssigen Weberlebnis, aber es braucht auch eine digitale Grundhygiene.

Spätestens seit Inkrafttreten der Europäischen Datenschutzgrundverordnung sind „Cookies" jedem Web-Nutzer ins tägliche Bewusstsein gerückt. Fast alle Internetseiten fragen seitdem ab, ob Cookies angelegt werden dürfen. Diese wiederkehrende Übung führt bei vielen Anwendern zur Ermüdung, so dass inzwischen fast jeder Cookies akzeptiert, ohne nachzudenken, wofür die gut sind, damit man endlich weitersurfen kann.

Die Cookie-Müdigkeit ist aber ein bedenkliches Phänomen, dem unter anderem durch eine schlechte Ausgestaltung der Datenschutzverordnung Vorschub geleistet wird. Viele Websites bieten nicht die Option „Zulassen" oder „Ablehnen" an, sondern holen lediglich das Einverständnis vom Nutzer ein. Viele Webdienste verhalten sich also wie das berühmte „Cookie-Monster" aus der Sesamstraße, das mit seinem unstillbaren Appetit alles verschlingt, was es in die Finger bekommt. Das ist leider kontraproduktiv, weil Cookies eine wichtige Web-Technologie sind, um die Web-Erfahrung effizienter und sicherer zu gestalten, sofern das Datensammeln nicht übertrieben wird. Ein aufgeklärter Umgang der Web-Nutzer mit Cookies und eine effektive Datenschutzregulierung sind daher das A und O des gesunden Web-Konsums.

Wofür braucht es im Web eigentlich Cookies? Das im Web genutzte Kommunikationsprotokoll ist das Hypertext

© Der/die Autor(en), exklusiv lizenziert durch
Springer-Verlag GmbH, DE, ein Teil von Springer Nature 2021
C. Meinel und M. Asjoma, *Die neue digitale Welt verstehen*,
https://doi.org/10.1007/978-3-662-63701-2_29

Transfer Protokoll HTTP. HTTP ist ein sehr einfaches, „zu-standsloses" Protokoll. Das bedeutet, es kann sich weder merken, welche Interaktionen zuletzt stattfanden, noch, ob der Nutzer die Seite schon einmal besucht hat. Es leitet lediglich über den Webbrowser die Anfrage eines Nutzers an einen Webserver weiter, und der liefert die ge-wünschte Webseite oder den gewünschten Webdienst an den Nutzer aus.

Das wird zum Problem, wenn der Nutzer inhaltlich zusammenhängende Interaktionen mit einer Webseite durchführen will und erwartet, dass der Webserver die vorhergehenden Interaktionen zuordnen kann. Das ist zum Beispiel beim Online-Shopping der Fall, wo es sehr praktisch ist, wenn die Webseite den Nutzer als Kunden erkennt, einen Warenkorb anlegt und diesen bei der nächsten Interaktion mit dem Shop wieder laden kann. Auch können Webseiten, auf denen ein Login erforder-lich ist, Login-Daten speichern, so dass man sich nicht je-des Mal wieder neu einloggen muss. Schließlich kennen viele Nutzer von Suchmaschinen, Streaming-Plattformen oder Online-Zeitungen die automatischen Vorschläge, die dem Nutzer auf Basis seiner vorherigen Interaktionen mit dem Webdienst angezeigt werden. Diese sind zu-meist sehr nützlich, weil sie ein „flüssigeres" Web-Erlebnis ermöglichen.

Das einfache HTTP-Protokoll bringt das dafür nötige Gedächtnis nicht mit. Um eine zusammenhängende „Session" im Web zu ermöglichen, also mehrere inhalt-lich zusammenhängende Interaktionen zu einer Sitzung „zusammenzubinden", braucht es den Cookie-Mecha-nismus. Der legt bei jeder Web-Kommunikation eine Datei an, in der die einzelnen Interaktionen einer Session – Passworteingabe, Warenkorbinteraktion, bevorzugte Sprache, persönliche Interessen und Präferenzen und so weiter – gespeichert werden. Um auf eine Session Bezug nehmen zu können, wird jeder Session eine Session-ID zugeordnet, die dann bei jeder HTTP-Aktion zwischen Client und Webserver mit ausgetauscht wird. Cookies wurden in den 1990er Jahren vom Webdienst Netscape entwickelt und werden bis heute von allen Anbietern im Web als Standard zum „Session-Management" genutzt.

Technisch funktioniert der Cookie-Mechanismus folgendermaßen:

↳ Der Webclient stellt eine Anfrage beim Webserver. Dieser beauftragt den Client, ein Cookie mit einer bestimmten Session-ID zu setzen.

↳ Der Browser speichert das Cookie in einer speziellen Datenbank.

↳ Bei jeder weiteren Anfrage an den gleichen Webdienst wird das Cookie mit der Session-ID automatisch mitgesendet. Der Webdienst ist so in der Lage, den Nutzer und den letzten Stand der Interaktionen mit ihm wiederzuerkennen. Auch kann er den neuen Stand der Interaktion in seiner Nutzerdatenbank aktualisieren.

Um die Speicherkapazität im Browser beim Nutzer nicht zu überlasten, wird auf Seiten des Nutzers nur die Session-ID gespeichert. Die Informationen über den Nutzer und seine Interaktionen mit dem Webserver werden in der Nutzerdatenbank beim Webserver abgelegt. Über die vom Nutzer gesendete Session-ID kann dieser dann sofort den anfragenden Nutzer erkennen und intern alle bisherigen Interaktionen abrufen.

Mit diesem einfachen Mechanismus ermöglicht der Webdienst effizientes Websurfing. Trotzdem sollte man diese Technik, wie viele andere auch, nicht einfach bedenkenlos nutzen. Wie beim Cookie-Monster der Sesamstraße kann ein unkontrolliertes Verlangen nach Cookies zu schädlichen Konsequenzen führen: Da Cookies über den HTTP-Header ausgetauscht werden und das HTTP-Protokoll unverschlüsselt ist, können beispielsweise persönliche Information leicht von Dritten ausgelesen werden.

Aber selbst bei einer verschlüsselten Verbindung über das sichere HTTPS-Protokoll ist es möglich, dass populäre Dienste wie zum Beispiel Google, Facebook oder Amazon ihre Nutzer über das Web hinweg nachverfolgen können, weil Cookie-Informationen zwischen den Diensten ausgetauscht werden. Große Plattformen können so umfassende Verhaltensprofile ihrer Nutzer erstellen, die weit über die Nutzerinteraktion mit dieser Plattform selbst hinausreichen und diese dann für gezielte Werbung und andere Zwecke nutzen. Der Skandal um die Firma Cambridge Analytica, die Nutzer anhand ihres Surfverhaltens einer politischen Einstellung zuordnen wollte, hat eindrücklich klargemacht, dass das kein nur theoretisches Szenario ist, deshalb ist Vorsicht geboten.

Wie bei jeder Technologie ist ein aufgeklärter Umgang damit empfehlenswert. Jeder Nutzer kann über die Einstellungen in seinem Webbrowser regeln, ob Cookies angelegt werden dürfen beziehungsweise wann diese gelöscht werden sollen. Wie viele Cookies jeder zulassen möchte, ist eine persönliche Entscheidung. Wer mehr Bequemlichkeit beim Websurfing wünscht, für den sind Cookies sehr sinnvoll. Auch macht es einen Unterschied, ob man einen Webdienst häufiger oder seltener nutzt. Von einer pauschalen Cookie-Nutzung ist daher abzuraten. Cookies sollten vornehmlich dort zugelassen werden, wo häufig gesurft wird. In jedem Fall aber sollten Cookies über die Browsereinstellungen in regelmäßigen Abständen gelöscht werden, um für eine digitale Grundhygiene zu sorgen. Das Web ist also nur dann ein Cookie-Monster, wenn wir es dazu machen.

Wie das Internet zur größten Mediathek der Welt wurde

Zum ruckelfreien Streamen braucht es mehr als nur eine schnelle Internetverbindung. Erst weitere Innovationen machen die Allgegenwart von Onlinevideos möglich.

Fast zwei Drittel des gesamten Internetverkehrs entfallen heute auf die Übertragung von Videos. Ob über die beliebten Streamingdienste rund um Netflix oder umfangreiche Mediatheken großer Fernsehsender, ob über die bekannten Videoplattformen wie Youtube oder Social Media – Videodaten sind längst zum beliebtesten Medium im Netz avanciert, und das Angebot wächst stetig.

Einige imposante Zahlen mögen die Bedeutung von Videoübertragung über das Internet verdeutlichen: Der Streaming-Pionier Youtube verzeichnet heute über zwei Milliarden monatliche Nutzer. Das bedeutet, dass etwa ein Viertel der Weltbevölkerung Youtubevideos schaut, das meistgesehene Video auf der Plattform ist das Musikvideo „Despacito", es wurde über sechseinhalbmilliardenmal geklickt. Pro Minute werden rund 500 Stunden an neuem Videomaterial hochgeladen. Auf Netflix werden täglich 140 000 Stunden an Filmen und Serien gestreamt. Wollte man alle dort verfügbaren Videos am Stück schauen, bräuchte man derzeit über vier Jahre. Noch drastischer sind die Zahlen beim Branchenprimus Youtube. Fast 40 Prozent des Internetverkehrs gehen auf das Konto der Plattform. Würde ab heute kein weiterer Content mehr hochgeladen, dann bräuchte man 60 000 Jahre, um sich alles anzuschauen.

173

© Der/die Autor(en), exklusiv lizenziert durch
Springer-Verlag GmbH, DE, ein Teil von Springer Nature 2021
C. Meinel und M. Asjoma, *Die neue digitale Welt verstehen*,
https://doi.org/10.1007/978-3-662-63701-2_30

Die großen Online-Videoplattformen haben mit ihren vielfältigen Angeboten das Konsumverhalten vieler Menschen nachhaltig verändert. Im Web muss man sich nicht mehr an die rigiden Programmabläufe analogen Fernsehens halten, sondern kann „on demand" genau die Sendungen schauen, die einen interessieren, und das wann und wo man möchte. Sogar Liveübertragungen über digitale Plattformen sind inzwischen gang und gäbe. 2019 überstieg die Nutzung von Onlinemedien erstmals diejenige des regulären TVs, mit stark zunehmender Tendenz. Auch auf den sozialen Medien sind Videodateien zum beliebtesten Content geworden.

Damit das alles möglich werden und sich unsere Medienlandschaft so sehr verändern konnte, brauchte es neue Verfahren zur Übertragung von kontinuierlichen Audio- und Videodaten. Klassischerweise arbeiten Internetdienste nach dem Schema: erst Daten übertragen, dann Daten nutzen. Bei Multimediadaten ist dieser Ansatz nicht sinnvoll, da es sich hier um riesige Datenmengen handelt und deshalb der durch die Übertragung entstehende Zeitverzug bis zur Wiedergabe nicht tolerierbar ist. Insbesondere gilt das für Liveübertragungen, die nach dem klassischen Muster überhaupt nicht möglich sind. Daher wurde ein Verfahren entwickelt, dass die Medienwiedergabe bereits ermöglicht, noch während die Datenübertragung läuft. Dieses Verfahren wird als „Mediastreaming" oder einfach nur „Streaming" bezeichnet.

Damit eine ruckelfreie Wiedergabe von Audio- und Videodaten noch während der Datenübertragung möglich wird, muss beim Empfänger der Multimediadaten ein „Wiedergabepuffer" installiert sein. Das ist notwendig, weil auch Multimediadaten in viele einzelne Datenpakete verpackt über das Internet transportiert werden und auf Grund schwankender Verkehrslasten und stellenweiser Netzüberlastungen unregelmäßig eintreffen, ein Phänomen, das als „Jitter" bezeichnet wird. Ohne entsprechende Ausgleichsmaßnahmen wäre ein kontinuierliches Medienerlebnis beim Nutzer nicht möglich. Der „Puffer" ist ein linearer Kurzzeitspeicher beim Multimediaclient des Nutzers, in den auf der einen Seite die zeitlich unregelmäßig eintreffenden Datenpakete einlaufen und auf der anderen Seite die als Nächstes wiederzugebenden Dateneinheiten ausgegeben werden, so dass eine kontinuierliche Wiedergabe als flüssiges Video möglich ist.

Wenn ein Stream startet, dann füllt sich zunächst der Puffer mit den ersten Sekunden des anzuschauenden Videos. Sobald das geschehen ist, kann die Wiedergabe beginnen, indem die Videodaten aus dem Puffer heraus „abgespielt" werden. Bei der Wiedergabe leert sich der Puffer um die bereits wiedergegebenen Dateneinheiten, und es entsteht Platz für die Zwischenspeicherung der nächsten Sekunden des Videos. So kann in den meisten Fällen garantiert werden, dass selbst wenn die Datenübertragung aus dem Internet mal besser und mal schlechter läuft, die Ausgabe aus dem Puffer für die Wiedergabe flüssig und gleichförmig geschehen kann. Stockt die Datenübertragung einmal derart, dass sich der Puffer nicht so rechtzeitig füllt, wie das zur kontinuierlichen Multimediawiedergabe notwendig wäre, dann kommt es zum berühmten „Ruckeln" oder Stocken des Videos. Erst wenn die Datenübertragung wieder besser wird und sich der Puffer erneut gefüllt hat, wird dann die Wiedergabe fortgesetzt.

Üblicherweise werden Datenpakete über das TCP-Protokoll übertragen, um mit dessen Quittierungs- und Retransmissionsmechanismen sicherzustellen, dass keine Datenpakete verloren gehen oder vertauscht werden. Dieses Vorgehen ist aber bei der Übertragung von Multimediadaten zu ineffizient. Denn einerseits blähen die komplexen Validierungsmechanismen die Datenpa-

kete auf, und andererseits ist der Verlust einzelner Datenpakete durchaus verkraftbar. Verlorene Datenpakete
äußern sich in Videos in der Regel durch winzige Gra-
fikfehler im Bild, die den Gesamteindruck kaum stören.
Daher nutzen die für das Streaming zuständigen Anwendungsprotokolle RTP (Realtime Transport Protocol) und
RSTP (Realtime Streaming Protocol) anstatt TCP das viel
einfachere UDP-Protokoll zur Datenübertragung.

Die fehlenden Absicherungsmechanismen werden in
schlanker Version von den Realtime-Protokollen bereitgestellt, zum Beispiel über die Verwendung von Sequenznummern, Zeitstempeln und Codierung, so dass der
einlaufende Strom von Datenpaketen beim Empfänger
richtig geordnet werden kann. Damit die Mediendaten
vom Zuschauer über den Webbrowser angeschaut werden können, brauchen ältere Browser Plug-ins, neuere
Browser bringen die Fähigkeit heute von Haus aus mit.
Wenn man auf mobilen Endgeräten oder smarten Fern-
sehern streamen möchte, braucht es so genannte native
Apps, die für das jeweilige Betriebssystem optimiert sind
und für die korrekte Decodierung und Wiedergabe sorgen.

Neben dem Streaming auf Basis der Realtime-Protokolle gibt es die Möglichkeit, direkt über das Webpro-
tokoll HTTP zu streamen. Normalerweise geht das nicht,
weil über HTTP alle Daten klassischerweise erst ausgeliefert und dann wiedergegeben werden. Deshalb wurde über einen so genannten progressiven Download
das „HTTP-Pseudostreaming" entwickelt. Dabei werden
Mediendaten, die der HTTP-Server schickt, empfangen
und stückchenweise in eine temporäre Datei des Nutzers
kopiert. Von dort aus wird dann die Wiedergabe gestartet, sobald ausreichend Daten übermittelt wurden. Im
Hintergrund läuft der Download der temporären Daten
weiter, und der vollständige Datensatz wird sukzessive
ausgeliefert.

Ein großer Vorteil des HTTP-Pseudostreaming besteht darin, dass es nicht über die typischen RTP/RSTP-Ports läuft, die in Unternehmensnetzwerken aus Sicherheitsgründen oft geblockt werden. So wird Streaming auch in sicheren Netzwerken ermöglicht. Der Nachteil dieses Verfahrens ist allerdings, dass zwischendurch die Medienqualität nicht angepasst werden kann, sondern der Download bei veränderter Qualitätsstufe neu gestartet werden muss. Auch Live-Streaming im echten Sinne ist so nicht möglich, da nur vollständige Dateien vom Webserver ausgeliefert werden können, also dort vor der Übertragung komplett vorliegen müssen.

Streaming über die Realtime-Protokolle oder über HTTP hat sich als so effektiv für die Übermittlung und das Abspielen enormer Datenmengen bei nur geringer Zeitverzögerung herausgestellt, dass auch Liveübertragungen von Sendungen, Sportveranstaltungen und anderen Events über das Internet immer populärer werden. Durch den niederschwelligen Gebrauch von Endgeräten aller Art – vor allem aber des Smartphones – mit integrierten Mikrofonen und Videokameras ist es inzwischen praktisch jedem möglich, selbst aufgenommene Videos über Multimediaplattformen oder Social Media (live) zu streamen und ins Internet zu stellen. Insofern haben die digitalen Technologien ganz entscheidend dazu beigetragen, dass die Hürden für die Publikation von multimedialen Formaten über das Internet gewissermaßen eingerissen sind. Quasi alle können kinderleicht eigene Videos aufzeichnen und publizieren. Das Phänomen der Influencer und der Durchbruch von Social Media wäre anders nicht denkbar – mit all seinen bekannten Vor- und Nachteilen.

Vier Millionen Likes pro Minute

Am Anfang war das Web eine Einbahnstraße, doch dann kam plötzlich Gegenverkehr auf. Wie funktioniert das, dass jeder mitmachen kann im Web?

Soziale Netzwerke sind aus unserem Alltag nicht mehr wegzudenken. Sie sind zum beliebtesten Interaktionswerkzeug im Web für die Menschen auf der ganzen Welt geworden. Dank ihnen kann man sich als Teil einer globalen Gemeinschaft fühlen, egal wo man sich selbst gerade befindet. Interaktive Plattformen sind zu einem effektiven Mittel geworden, um Nachrichten, Meinungen und Medien aller Art blitzschnell zu erstellen und weltweit zu verbreiten. Sie bestimmen heute zentrale politische Debatten und können (vermeintlich) sogar Wahlen und politische Prozesse beeinflussen.

Das nach Teilnehmern mit Abstand größte soziale Netzwerk ist heute Facebook. Gegründet im Jahr 2004, wird es aktuell monatlich von über zwei Milliarden Menschen aktiv genutzt. Alle Facebook-Nutzer zusammen klicken pro Minute vier Millionen Mal auf den Like-Button. Auch der zu Facebook gehörende Instant-Messaging-Dienst WhatsApp hat monatlich zwei Milliarden aktive Nutzer. Weit „abgeschlagen", aber immer noch sehr beeindruckend in ihrer Nutzerzahl sind die Netzwerke Instagram (Facebook-Tochter) mit einer Milliarde Nutzer und LinkedIn, Twitter, Snapchat sowie Pinterest mit je zirka 300 Millionen monatlichen Nutzern. Das gemeinschaftlich verfasste Onlinelexikon Wikipedia verzeichnet inzwischen über 50 Millionen Artikel in fast 300 Sprachen und wird täglich 300 Millionen Mal aufgerufen (das sind fast zehn Milliarden Aufrufe im Jahr!). Diese Zahlen belegen, dass soziale Medien eine globale Macht geworden sind, die aber nur dank wichtiger technischer Entwicklungen wie mobiles Internet, nativer Apps und den gängigen Internetprotokollen möglich werden.

Was unterscheidet soziale Medien oder das Web 2.0 vom klassischen Web 1.0? Der ursprüngliche WWW-Dienst, der 1990 von Tim Berners Lee und Robert Cailliau begründet wurde, machte es möglich, von überall her auf Internetinhalte vermittels eines grafischen Webbrowsers zuzugreifen. Das war ein wichtiger Entwicklungsschritt, der dem Internet als Basistechnologie massenhafte Nutzung und rasante Verbreitung beschert hat. Diese ersten im WWW angebotenen Internetinhalte bewegten sich aber wie auf einer Einbahnstraße: Nutzer konnten sich Inhalte anschauen; mit ihnen zu interagieren oder darauf Einfluss zu nehmen, war unmöglich.

Das Web 1.0 entsprach also eher dem Gebrauchsmuster klassischer Medien wie Bücher, Radio oder Fernsehen, die je nur Informationen „einseitig" für ihre Interessenten bereitgestellt haben. (Immerhin konnten die Informationen im Web 1.0 im Gegensatz zu den klassischen analogen Medien zu jeder Zeit und von überall her abgerufen werden.) Insofern war erst der Schritt zum Web 2.0 die echte mediale Revolution: Über die neuen als soziale Medien bezeichneten Webdienste war es den Nutzern nun möglich, in einen direkten Austausch mit anderen Nutzern dieser Dienste zu kommen. Man war hier nicht mehr nur Empfänger von Informationen, sondern konnte direkt auf Beiträge anderer Nutzer antworten, Kommentare verfassen, gemeinsam an Texten und anderen Medien arbeiten und massenhaft Links, Likes und Meinungen teilen. Nutzer der sozialen Medien im Web 2.0 sind also zugleich Konsumenten und Produzenten der im Internet angebotenen Informationen. Die enge Interaktion zwischen den Nutzern der sozialen Medien im Web 2.0 lässt im digitalen Raum eine lebendige virtuelle Gemeinschaft entstehen, wie das vorher bei den Einbahnstraßen-Medien völlig undenkbar war – gerade das drückt eben der Begriff „soziale Medien" aus.

Eine besondere Verbreitung haben sie vor allem mit der Entwicklung des mobilen Internets und der Alleskönner Smartphones erreicht, mit denen kinderleicht Medien erstellt und geteilt werden können. Heute gibt es über drei Milliarden Smartphones, die mit ihren niedrigschwelligen Anwendungen die globale Webgesellschaft konstituieren und vorantreiben. Statt mit dem herkömmlichen (mobilen) Browser greifen Nutzer darauf oft mit „nativen Apps" zu, die es inzwischen für praktisch jede digitale Plattform und jeden Webdienst gibt und die die Inhalte der sozialen Dienste optimiert für jedes Endgerät (Smartphone, Tablet, Laptop, Smart-TV, Smart-Car und so weiter) anzeigen.

Damit der synchrone Austausch zwischen Millionen von Nutzern gelingt, braucht es auch für die sozialen Medien spezifische Anwendungsprotokolle. Eines der wichtigsten von diesen ist das Extensible Messaging and Presence Protocol (XMPP), das für Instant-Messaging-Dienste wie WhatApp genutzt wird. Wie viele andere basiert XMPP auf der klassischen Client-Server-Architektur, so dass die Nachrichten über Webserver und eigenständige Domains verwaltet werden. Instant-Messaging-Dienste nutzen das sichere TCP als Verbindungsprotokoll auf der Transportschicht und ermöglichen darüber einen Echtzeit-Datenaustausch zwischen zwei oder mehreren Anwendern. Um einen Instant-Messaging-Dienst zu nutzen, braucht man eine spezielle ID, die hier „Jabber-ID" genannt wird. Sie wird genau wie eine E-Mail-Adresse gebildet: nutzer@domain.top-level-domain. So können Nutzer eindeutig kontaktiert werden und ihren dezentralen Domain-Servern zugeordnet werden.

Ein weiteres Beispiel für ein Social-Media-Anwendungsprotokoll ist das HTTP-REST-Protokoll (HTTP-Representational State Transfer). Dieses wird zum Beispiel von Instagram für die Übermittlung von Bildern und die Anbindung an weitere soziale Netzwerke wie Facebook oder Twitter genutzt. Auch hier basiert der Datenaustausch auf der Client-Server-Architektur und läuft weiterhin über das HTTP-Protokoll auf der Anwendungsschicht. REST-Architekturen sind eine Sammlung von Regeln und Prinzipien, die für den reibungslosen Datenaustausch universell angewendet werden. Über festgelegte Client-Schnittstellen (APIs) kann ein anderes System via HTTP mit den Funktionalitäten der Instagram-Anwendung interagieren. REST standardisiert also die Methoden, die zum Datenaustausch bei Instagram über HTTP benutzt werden. Eine kleine Auswahl von diesen Prinzipien sind:

↳ Ressourcen sind bsplw. Webseiten, Skripte oder Bilder.
↳ REST-Server besitzt diese Ressourcen.
↳ REST-Client greift auf Ressourcen zu und nutzt diese.
↳ Jede Ressource hat eine URI (Uniform Resource Identifier).
↳ Ressourcen werden durch verschiedene standardisierte Formate (XML, Text, JSON etc.) repräsentiert.
↳ REST-Server kennen immer nur ihren eigenen Status und haben nichts mit der Verwaltung der Clients zu tun (stellen Ressourcen bereit und die Verbindung her).
↳ REST-Clients überführen Ressourcen in andere „Zustände" über die standardisierten Repräsentationsformate.
↳ Manipulation von Ressourcen ist nur über deren URI und mittels der dafür vorgesehenen Methoden erlaubt.

Über eine geeignete Auswahl solcher einfachen Regeln und Standardisierungen ist es schließlich möglich, dass sehr viele Menschen weltweit in Echtzeit auf die gleichen Ressourcen zugreifen und kollaborativ daran arbeiten können. Erst diese Entwicklung hat das digitale Paradigma der kreativen Echtzeitvernetzung Realität werden lassen und die Webrevolution der globalen Webgesellschaft, die heute im Guten wie im Bösen im Gange ist, ins Rollen gebracht.

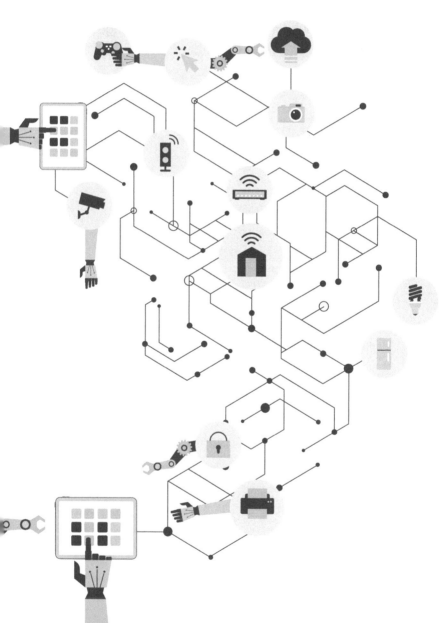

Neues Maschinenzeitalter – und was es möglich macht

„Smart" ist heute nicht mehr nur das -phone. Maschinen untereinander digital zu verknüpfen, wird die Welt weiter transformieren.

Wir leben in spannenden Zeiten: Erstmals in der Menschheitsgeschichte ist es uns möglich, die Werkzeuge, die wir geschaffen haben, „sprechfähig" zu machen und so unabhängig von menschlichem Eingreifen miteinander kommunizieren und interagieren zu lassen. Diese Entwicklung bei der digitalen Transformation wird griffig als das „Internet der Dinge" (engl. Internet of Things – IoT) bezeichnet, während die Technologen trocken von Maschine-zu-Maschine-Interaktion (M2M) sprechen. Natürlich ist das Internet der Dinge undenkbar ohne die vorangegangene Entwicklung des Internets hin zu einer globalen Kommunikationsplattform mit ihrer riesigen Schar von Webservices. Dinge oder Geräte, die mit dem Internet verbunden sind, werden gerne als „Smart Devices" oder „smarte" Dinge bezeichnet. Denn dank dieser Verbindung können sie aus der Entfernung gesteuert werden und mit anderen smarten Dingen eigenständig interagieren. Schon heute gibt es über 30 Milliarden smarte Devices, und diese Zahl wächst exponentiell weiter. Bald wird es für jeden selbstverständlich sein, sich in diesem Ökosystem „smarter" Dinge zu bewegen, die uns in unserem Handeln und Leben unterstützen und bereichern. Aber wie funktioniert das alles?

Das Internet als Basistechnologie führte nach seiner Einführung zunächst nur ein Nischendasein. Erst die immer breitere Verfügbarkeit von Computern, Smartphones, Tablets und programmierbaren Controllern, die sich mit dem Internet verbinden und es für ihre Kommunikationszwecke nutzen konnten, machte das Internet zum Netz der Netze, das wir heute kennen. Diese Entwicklung brachte etwas ins Rollen, das wir gerade als digitale Transformation unserer Arbeits- und Lebenswelt erleben. Ausgestattet mit entsprechender Kommunikationstechnologie und Sensoren, der so genannten digitalen Hülle, können sich heute nicht nur Menschen, sondern auch Maschinen als smarte Dinge mit dem Internet verbinden. Das Potenzial, dass sich bietet, wenn sich smarte Geräte an verschiedenen Stellen in der Welt über das Internet verbinden und interagieren, also sich gegenseitig steuern können, lässt manche von einer smarten Welt träumen, zu Hause im Smart Home, in der Kommune als Smart City, in der Fabrik als Smart Factory und dergleichen mehr.

Die Repräsentanz eines smarten Dinges (seiner digitalen Hülle) im Internet, also sein digitales Abbild, wird oft als digitaler Zwilling bezeichnet. Mit dem Eintauchen der Dinge in den digitalen Raum eröffnen sich ganz neue Möglichkeiten der Interaktion. Geräte, die bisher darauf gewartet haben, physisch genutzt zu werden, bekommen Eigenschaften, die weit über ihre bisherigen physischen Fähigkeiten hinausreichen. Die digitalen Abbilder können sich überall auf der Welt mit dem Internet verbinden und darüber mit den digitalen Abbildern von Menschen und anderen Dingen in (nahezu) Echtzeit kommunizieren und interagieren. So können smarte Dinge von überall auf der Welt Sensordaten ihrer Umgebung austauschen, Warnungen ausgeben, Reaktionen auslösen und Aktivitäten jeglicher Art starten. Die einfachsten Beispiele liefern „Smart-Home"-Anwendungen: die mit dem Internet verbundene Heizung etwa, sich mit dem Smartphone des Bewohners verbindet und feststellt, dass dieser sich gerade auf dem Heimweg befindet, und daraufhin entsprechend vorheizt oder ihre Leistung drosselt, wenn der Bewohner das Haus verlässt. Ähnliches ist mit dem Beleuchtungssystem im Haus möglich oder mit Jalousien, die mit einem Wetterdienst kommunizieren.

Ursprünglich kommt die Entwicklung des Internets der Dinge aber aus dem industriellen Kontext. Schon sehr früh hat man hier darüber nachgedacht, wie sich einzelne Maschinen innerhalb einer Fabrik miteinander abstimmen können, um einen Produktionsprozess voranzubringen und optimal zu steuern, beispielsweise das Fließband im Fehlerfall abzubremsen. Noch komplexer wird es, wenn ein smarter Produktionsprozess über mehrere Fabriken oder sogar über mehrere Ebenen des Produktions- und Geschäftsprozesses, wie Logistik, Verkauf und Marketing, gesteuert werden soll. Die Gesamtheit solcher intelligenten industriellen Abläufe wird auch als „Industrie 4.0" bezeichnet.

Die Grundidee, wie smarte Dinge und Maschinen über das Internet miteinander kommunizieren können, besteht darin, die Geräte über entsprechende Kommunikationskomponenten zu befähigen, sich mit dem Internet zu verbinden, und dann über Webservices, die in der Cloud oder eigenen Rechenzentren betrieben werden, Interaktions- und Steuerungsaufgaben im Zusammenspiel mit anderen smarten Dingen zu übernehmen. Damit diese sinnvoll miteinander kommunizieren können, braucht es eine gemeinsame Sprache beziehungsweise einen Übersetzungsdienst zwischen den Sprachen der einzelnen smarten Geräte. Diese Übersetzungsleistungen wird über Webservices erreicht, die als Schnittstellen zwischen den digitalen Hüllen der smarten Dinge im Internet fungieren.

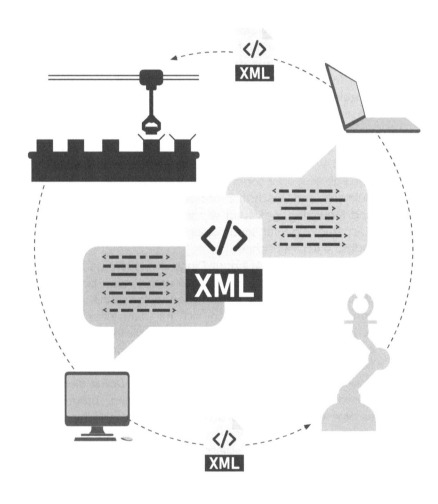

Wie verständigen sich Maschinen im Internet?

Webservices schaffen die Basis, dass sich Maschinen über das Netz finden und verknüpfen können.

Das „Internet der Dinge" eröffnet ein ganz neues und weltumspannendes Ökosystem von smarten Geräten, die sich mit dem Internet und – via Internet – auch miteinander verbinden können. Ohne menschliches Zutun können sie Daten austauschen oder auch im Verbund Prozesse steuern und so die Vision einer smarten Welt in ihren verschiedenen Facetten der Smart Factory, Smart Home, Smart City, Smart Traffic, ... Wirklichkeit werden lassen. Damit das aber überhaupt möglich ist, müssen die vielen sehr unterschiedlichen smarten Dinge, Geräte und Services miteinander „sprechen" können. Webservices dienen hierbei als Übersetzer.

Ganz zentral für die Kommunikation und Interaktion zwischen verschiedenen Webseiten und Diensten ist die „Extensible Markup Language" (XML). Während HTML „nur" eine generell gut nutzbare Beschreibung für alle üblichen Webressourcen bietet, können mit Hilfe von XML ganz spezifische Beschreibungssprachen definiert werden, die für die jeweils individuell benötigten Zwecke maßgeschneidert sind. XML ist also eine Metasprache, mit der beliebige Daten aus spezifischen Anwendungsbereichen maschinenlesbar strukturiert und hierarchisch beschrieben werden können. Dabei entsteht eine simple Textdatei, die sich leicht über das Web versenden lässt. XML bietet so die Möglichkeit, den Datenaustausch auch

189

für komplexe Maschine-zu-Maschine-Interaktionen zu organisieren.

In der ersten Generation der M2M-Interaktion haben smarte Geräte mit Hilfe des SOAP-Protokolls (Simple Object Access Protocol) kommuniziert. Um Daten zu teilen, wird dazu ein XML-basierter „Briefumschlag" (SOAP-Envelope) erstellt, der anschließend zum Beispiel als Nutzlast im „Body"-Abschnitt eines HTTP-Requests oder -Responses transportiert werden kann. Statt HTML lassen sich auch andere Protokolle einsetzen. Damit die Nachrichten in den SOAP-Umschlägen von allen verstanden werden können, wurde eine WSDL (Web Service Description Language) bereitgestellt, die ebenfalls XML-basiert ist und die Webservice-Schnittstelle beschreibt mit den verfügbaren Verarbeitungsmethoden, Parametern und Rückgabewerten.

Als dann immer mehr smarte Dinge über das Internet zu interagieren begannen, mussten neue Fragen geklärt werden. Etwa wie man es schafft, dass so viele Geräte gleichzeitig und zuverlässig auch in Verbünden miteinander kommunizieren können, wie sich ihre Interaktionen orchestrieren oder absichern lassen. Zur Klärung all dieser Fragen wurden Webservice-Protokolle in stets wachsender Zahl entwickelt, zum Beispiel WS-Security, WS-Policy, WS-Coordination, WS-Federation und so weiter. All diese Webservice-Protokolle werden unter dem Namen „WS*-Protokoll-Suite" zusammengefasst. Sie finden vor allem im industriellen Bereich mit seinen besonderen Anforderungen an Sorgfalt und Sicherheit in der Interaktion Anwendung. Im alltäglichen Gebrauch ist die WS*-Protokoll-Suite zu unhandlich.

Auf der Suche nach schlankeren Methoden zur Organisation der Interaktion von smarten Dingen und Maschinen über das Web hat man zwei neue Wege gefunden: Mit dem XML-RPC (Remote Procedure Call) hat man

sich auf die Ursprünge der Webkommunikation beson-
nen. Es ist ein ganz einfaches XML-basiertes Protokoll,
mit dem verschiedene Kommunikationsmethoden im
Web genutzt werden können. Die Aufrufe erfolgen über
HTTP-POST-Befehle.

Eine weitere Möglichkeit, Maschinen einfacher miteinander kommunizieren zu lassen, besteht in der Anwendung der REST-Architektur. Der Service Instagram
nutzt diese Methode, um mit weiteren Webdiensten wie
Facebook, Twitter und Co. zu kommunizieren und zu interagieren. REST basiert auf der ROA (Resource Oriented
Architecture) und benutzt das vollständige HTTP-Voka-
bular (wie GET, POST, PUT), um Nachrichten und Daten zu
übermitteln. REST macht sich zu Nutze, dass Webanwendungen von Webressourcen leben und diese auch direkt
über ihre URL adressiert werden können, egal ob es sich
um ein physisches Ding oder eine virtuelle Ressource
(zum Beispiel Medien, digitaler Einkaufskorb oder Uni-
Kurs-Status) handelt. REST nutzt die Mittel des HTTP, um
diese Web-Ressourcen zu manipulieren. Dazu wird eine
Ressource über den HTTP-Pfad identifiziert und mit der
für die angestrebte Manipulation geeigneten HTTP-Me-
thode verändert. Die bei HTTP zur Verfügung stehenden
Methoden beinhalten sehr einfache Anweisungen, wie
folgende Beispiele zeigen:

↳ **POST** – Ressource wird erzeugt
↳ **GET** – Ressource wird gelesen
↳ **PUT** – Ressource wird aktualisiert
↳ **DELETE** – Ressource wird gelöscht

REST bietet eine sehr schlanke Interaktionsmethode, weil
es sich als zustandsloses Protokoll sämtliche benötigte Daten durch Requests besorgt. Es orientiert sich über
die URL an vorhandenen Datenstrukturen, registriert den

entsprechenden MIME-Typ eines Requests und sendet das passende MIME-Format zurück. Heute ist die REST-Methode deutlich weiterverbreitet als XML-RPC.

Dank einer Vielzahl an Webservices für alle möglichen Anwendungen ist es uns heute möglich, sowohl im Industriellen als auch im Privaten von einer Vielzahl automatisierter Dienste zu profitieren, um die Vision einer „smarten Welt", in der alles miteinander vernetzt ist, zu verwirklichen. Uns bietet sich damit ein leistungsfähiger Ansatz, die zahlreichen Wirtschafts-, Bildungs-, Energie- und Umweltprobleme in einer immer komplexer werdenden Welt mit einer immer größeren Weltbevölkerung in den Griff zu bekommen. Smarte Dinge und vernetzte Maschinen können uns helfen, diese Herausforderungen zu meistern.

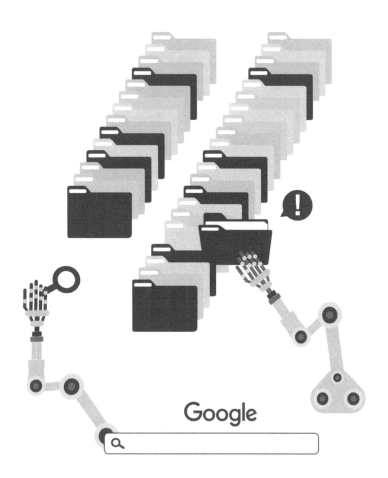

Wie weiß Google, was wo steht?

Suchmaschinen weisen uns in den Weg im riesigen Web-Kosmos. Blitzschnell finden sie, was wir suchen. Ohne sie wären wir im Web hoffnungslos verloren.

Was haben Tempo-Taschentücher und Aspirin mit Google gemeinsam? Alle diese Produkte haben es geschafft, zum unangefochtenen Standard ihrer Branche zu werden. Ihre Markennamen stehen – sogar verbrieft vom „Duden" – als Synonym für Taschentücher, Schmerztabletten und digitale Suchen. „Googlen" sagen die meisten wahrscheinlich selbst dann, wenn sie Bing oder Ecosia verwenden. Viele bezeichnen auch heute schon digitale Offline-Suchen als googlen. Wie hat es das Unternehmen aus dem Silicon Valley geschafft, in gerade einmal 20 Jahren zum unangefochtenen Weltmarktführer (nicht nur) für Websuche zu werden?

Google ist heute mit Abstand die meistbesuchte Website und hat in Deutschland einen Marktanteil von über 90 Prozent im Suchmaschinengeschäft. Das digitale Unternehmen war mit seinem Ansatz am erfolgreichsten damit, das exponentiell wachsende World Wide Web zu kartographieren und die Milliarden von Webseiten mit ihren unterschiedlichsten Angeboten im Netz für seine Nutzer auffindbar zu machen. Ohne Suchmaschinen hätte das Web nicht die Relevanz erlangen können, die es heute hat, einfach, weil es für interessierte Nutzer unmöglich wäre, auf Grund der unüberschaubaren Vielzahl überhaupt Kenntnis von einer im Web erreichbaren Information oder einem dort angebotenen Service zu erlangen.

C. Meinel und M. Asjoma, *Die neue digitale Welt verstehen*, https://doi.org/10.1007/978-3-662-63701-2_34

Noch bis 2008 veröffentliche Google die Gesamt-zahl der Webseiten (URLs), die es für seine Suchmaschine besucht und indexiert hatte, und das waren damals bereits über eine Billion. Seitdem werden keine Zahlen mehr veröffentlicht, aber es ist davon auszugehen, dass diese weiter sprunghaft gestiegen sind. Die Zahl der für die Suchmaschine erschlossenen Websites macht dabei dem Namen der Marke alle Ehre, denn „Google" leitet sich von „Googol" ab, die Bezeichnung für eine 1 mit 100 nachfolgenden Nullen.

Schon bald nach der Einführung des World Wide Web war klar, dass die Nutzer bald Dienste brauchen würden, mit denen sie die immer zahlreicheren Inhalte und Dienste finden können. Dazu waren verschiedene Strategien denkbar, die auch von unterschiedlichen Suchmaschinenherstellern mit unterschiedlichem Erfolg umgesetzt wurden. So findet man Webkataloge, indexbasierte Suchmaschinen, Metasuchmaschinen, Paid-Placement-Suchmaschinen und Ähnliche mehr.

Webkataloge waren die klassische Art, das Web zu strukturieren. So wie in einer Bibliothek oder einem Versandkatalog werden Webdokumente von menschlichen Redakteurinnen und Redakteuren gesichtet, bestimmten thematischen Kategorien zugeordnet und alphabetisch oder nach Relevanz einsortiert.

Gegebenenfalls werden sie auch verworfen, wenn sie als irrelevant erscheinen. Das ist ein Vorteil von solchen Webkatalogen, dass sie Webseiten dank der redaktionellen Sichtung auf Qualität prüft können. Der Suchdienst Yahoo – vier Jahre vor Google online gegangen – arbeitete zunächst auf dieser Basis. Allerdings überstieg die händische Katalogisierung der Dokumente im Zuge der rasanten Ausbreitung des Webs bald die Grenze des Machbaren. Man kam selbst mit einer immer größeren Zahl von Mitarbeitenden mit der rasant steigenden

Anzahl neuer Websites nicht mehr hinterher. Es wurde immer mühsamer, die neu hinzukommenden Websites überhaupt aufzufinden und in den Katalog aufzunehmen. Auch war es unmöglich, die dynamischen Veränderungen auf den einzelnen Dokumenten zeitnah zu verfolgen, so dass weder eine gewisse Vollständigkeit noch die Aktualität der katalogisierten Informationen gewährleistet werden konnte. So ereilte solche noch jungen Webkataloge das gleiche Schicksal wie das altehrwürdige Brockhaus-Lexikon – sie war zu antiquiert für die voll vernetzte dynamische Webwelt.

Schnell wurde klar, dass bei exponentiell wachsender Zahl von Webseiten und -dokumenten nur automatisierte Verfahren bei der Websuche eine Chance haben. Und Google war eines der ersten Start-ups, die auf diesem Weg mit einer indexbasierten Suchmaschine ein leistungsfähiges Angebot zur Websuche auf den Markt brachte. Die Aufbereitung der Webdokumente für die Suche, also die Datenbeschaffung, Dokumentanalyse und -bewertung sowie die Erstellung und Verwaltung einer Index-Datenstruktur läuft hier vollständig automatisch mit Hilfe von speziellen Softwarewerkzeugen, den so genannten (Web-)Robots beziehungsweise (Web-) Crawlern. Damit können automatisiert neue Webseiten gefunden, archiviert, nach Relevanz sortiert und aktuell gehalten werden.

Der Nachteil dieser Form von Katalogisierung ist natürlich, dass die Qualitätssicherung deutlich schwieriger ist, weil Maschinen Sinn und Bedeutung der Dokumente nicht verstehen. Die Qualität von indexbasierten Suchmaschinen hängt also von der Qualität der eingesetzten Algorithmen zur Qualitäts- und Relevanzbewertung ab. Und genau in diesem Feld tobt der Wettbewerb der besten Suchmaschinen.

Ein wesentlicher Grund für den Erfolg von Google

war und ist es, über die Zeit bessere Algorithmen zur Bewertung von Webdokumenten als die Mitbewerber entwickelt und zum Einsatz gebracht zu haben. Auch wenn der Relevanz-Algorithmus von Google Verschlusssache ist und man annehmen kann, dass inzwischen auch betriebswirtschaftliche Aspekte darin einfließen, liegen die Methoden der beliebtesten Suchmaschine der Welt nicht ganz im Dunkeln.

Wenn Web-Crawler das Web kartographieren, arbeiten sie wie die anderen Internetprogramme nach dem Client-Server-Prinzip. Sie fordern bei WWW-Servern Webdokumente an, anschließend durchsucht der Crawler die Webseite nach Hyperlinks und fordert systematisch alle verlinkten Webseiten an. So arbeitet sich das Programm anhand der Milliarden von Links durch das Web und archiviert jede neue Website, deren Dokumente und die Veränderungen gegenüber dem letzten Besuch. Es entsteht so eine riesige Datenbank des Webs, in der die Informationen aus den HTML-Dokumenten in einheitlicher, maschinenlesbarer Weise zusammengetragen sind und ständig aktualisiert werden. Dabei können die, die den HTML-Code der Website verfassen, ein Wörtchen mitreden, indem sie dem Crawler über spezielle Meta-Tags ihre Wünsche mitteilen, bis hin zur Aufforderungen, die Indexierung ganz zu unterlassen.

Nachdem Web-Crawler die Daten aus den angeforderten Webseiten extrahiert haben, werden diese so aufbereitet, dass sie automatisiert weiterverarbeitet und in Bezug auf ihre Inhalte analysiert werden können. Dieser Prozess wird als Information Retrieval bezeichnet. Wenn dann sämtliche indizierte Daten in einheitlicher maschinenlesbarer Form vorliegen, können Relevanzfilter angelegt werden, und die eigentliche Kernaufgabe der Suchmaschine beginnt: die für eine Suchanforderung des Nutzers relevanten Informationen identifizieren und anzeigen.

Im Kern geht es dabei darum, zu ermitteln, welche Dokumente und Webseiten für die Suchanfrage inhaltlich relevant sind. Dabei hilft das zipfsche Gesetz. Es zeigt mit mathematischen, im wesentlichen statistischen Methoden, einen Zusammenhang zwischen dem Inhalt eines Dokuments und der Häufigkeit des Vorkommens einzelner Wörter im Dokument und besagt ganz vereinfacht, dass je häufiger gesuchte Wörter in einem Dokument vorkommen, desto relevanter ist die Webseite für den Suchanfragenden. Da Suchmaschinen den Inhalt eines Textes ja nicht verstehen können, sondern die einzelnen Wörter nur als Aneinanderungen bestimmter Buchstaben erfassen, können sie mit Hilfe des zipfschen Gesetzes aus dem Vorkommen einzelner Wörter und deren Häufigkeit „Rückschlüsse" auf den Inhalt eines Dokuments ziehen – und so die Dokumente nach ihrer Wichtigkeit im Hinblick auf eine konkrete Suchanfrage ordnen.

Weiterhin ist es möglich, mit Hilfe von Vektoranalysen die Relevanz von ganzen Webseiten zu bewerten. Man stellt dazu die in einem Dokument vorkommenden Wörter als Vektoren dar und kombiniert diese zu einem Dokumentenvektor. Wie ähnlich sich zwei Dokumente in ihrem Inhalt sind, lässt sich dann mit mathematischen Methoden aus deren Dokumentenvektoren berechnen.

Neben diesen Techniken nutzt Google noch eine Vielzahl andere Gewichtungsverfahren und Tricks, um seine Suchfunktion zu verbessern. Der Page-Rank-Algorithmus beispielsweise bewertet eine Webseite als wichtig, wenn erstens viele andere Webseiten auf sie verlinken oder zweitens eine andere als wichtig eingestufte Webseite auf sie verweist. Drittens wird sie als eher unwichtig eingestuft, wenn sie auf sehr viele andere Dokumente verweist. Google analysiert auch das Feedback das

Nutzer unwillkürlich geben, indem sie auf Suchergebnisse klicken. Wird ein Dokument häufiger ausgewählt als
andere, die ebenfalls in der Ergebnisliste auftauchen,
als desto wichtiger bewertet der Algorithmus dieses
Dokument.

Es ist schon sehr bemerkenswert, dass Google und
andere Suchmaschinen mit diesen recht einfachen mathematischen Mitteln so gute Ergebnisse erzielen. Allerdings haben diese Verfahren ihre Grenzen. Maschinen
verstehen den Sinn und die Bedeutung von Webinhal-
ten nicht, sondern können nur zählen, wie häufig Wörter
vorkommen und in welchen Kombinationen. Eine wirklich „kluge" Suchmaschine beziehungsweise ein wirklich
smartes Web bedarf aber weiterer Fortschritte beim Verständnis von Inhalten. Tatsächlich hat Google begonnen,
auch eine „semantische Suche" einzuführen und sich
nicht nur statistische Methoden für die inhaltliche Ein-
schätzung von Dokumenten zu verlassen, sondern auch
die inhaltliche Bedeutung der Wörter in den Dokumenten
besser zu verstehen und zu bewerten. Damit begibt sich
Google in die Domäne des „Semantic Web", das sich
selbst und seine Nutzer kennt und für jeden genau die
richtigen Dokumente auffindbar macht.

Was weiß das Internet über mich?

Bei der Nutzung des Webs hinterlassen wir überall Datenspuren, die fleißige Datensammler registrieren und weitergeben. Schlimm ist, wenn das hinter dem Rücken der Nutzer passiert.

Wer heutzutage im Internet unterwegs ist, hinterlässt fast zwangsläufig individuelle Spuren. Personenbezogene Daten, die die Betreiber der Webseiten erfassen, lassen sich zu so genannten Profilen bündeln und für verschiedene Zwecke einsetzen. Mit Hilfe der „digitalen Fußabdrücke" der Nutzerinnen und Nutzer können Werbefirmen beispielsweise personalisierte Anzeigen ausspielen. Die meisten digitalen Dienste und Angebote im Internet, insbesondere die kostenlosen, rechnen sich überhaupt nur deshalb, weil sich diese Nutzerdaten gut verkaufen lassen.

Auf den ersten Blick erscheint das als eine Win–win-Situation: Die einen bekommen die gewünschten Angebote, ohne vermeintlich etwas dafür bezahlen zu müssen, die Anbieter hingegen decken durch einen Verkauf der personenbezogenen Daten an Dritte ihre eigenen hohen Kosten für die Bereitstellung der hochkomplexen IT-Systeme – und erwirtschaften oft sogar noch große Gewinne. Aber Vorsicht muss geboten sein. Trackingtechnologien zur Erfassung und Zusammenführung der hinterlassenen Datenspuren sind heute so weit entwickelt, dass viele erschrecken würden, wenn sie wüssten, wie viel die Dienstanbieter, wie viel das Netz über sie weiß.

Allein wenn man an die unzähligen persönlichen Daten und Informationen denkt, die den sozialen Medien anvertraut werden und dort kursieren. Das ist aber nur die Spitze des Eisbergs. Dazu kommen die technischen Datenspuren, die die Webdienste im Hintergrund sammeln, um ihr Angebot überhaupt an den richtigen Mann, die richtige Frau bringen zu können. So müssen zahlreiche Nachrichten zwischen dem Rechner des Senders einer E-Mail und dem System des Empfängers ausgetauscht werden, bevor die eigentliche Botschaft gesendet und empfangen werden kann. Ein entspanntes Dann-zahl-ich-eben-mit-meinen-Daten ist ein zweischneidiges Schwert. Es gilt, die Nützlichkeit/Bequemlichkeit der Internetnutzung gegen die berechtigten Interessen beim Schutz der Privatsphäre abzuwägen und dabei selbstbestimmt eine richtige Balance zu finden. Das kann allerdings nur gelingen, wenn sich die Internetnutzer darüber bewusst sind, welche Möglichkeiten die digitalen Technologien heute haben. Erst dann können sie aufgeklärt entscheiden, wie sie ihren persönlichen Umgang damit gestalten.

Nutzertracking über das Internet ist ein sehr vielschichtiges Thema. Beginnen wir mit den sozialen Netzwerken, in denen man allerlei private Informationen über sich teilt (Fotos, Videos, Links, persönliche Chatnachrichten). Die Provider haben vollen Zugriff auf diese geteilten Informationen und können daraus leicht individualisierte Profile erstellen, vordergründig, um ihr Angebot noch genauer ausspielen zu können, aber natürlich auch, um die Daten zu verkaufen. Der berühmteste Fall des Profiling über Social Media war sicher die „Kooperation" zwischen Facebook und Cambridge Analytica, in der persönliche Profile genutzt wurden, um gezielt Wahlwerbung zu schalten und dadurch vermeintlich den Ausgang der US-Präsidentenwahl 2016 zu beeinflussen.

Noch komplexer wird es, wenn soziale Netzwerke auf

Drittanbieterwebseiten über Buttons (den „Like"-Button von Facebook beispielsweise oder den „Teilen"-Button für Twitter) Nutzerdaten sammeln, ohne dass sich die Person je beim sozialen Netzwerk selbst registriert hätte.

Auch beim Websurfing fallen unweigerlich Daten an, die dazu geeignet sind, persönliche Profile anzulegen. Welche Webangebote, in welcher Reihenfolge und Häufigkeit genutzt werden, sagt schon sehr viel über eine Person aus. Technisch gesehen, brauchen und sammeln Browser diese Daten, um den Nutzer so bequem und angenehm wie möglich bei seinen Besuchen im Web zu führen und zu unterstützen. Browser übermitteln dabei unterschiedlich viele Informationen an die Webseiten, etwa welches Betriebssystem (inklusive der Version) im Computer installiert ist oder wo sich Computer gerade befindet (Zeitzone, Sprache, bei Freischaltung ebenfalls der genaue Standort), welche Webseiten aufgerufen werden und wie lange dort verweilt wurde. Über Cookies sammeln die Anbieter von Webservices Informationen zur konkreten Nutzung ihres Angebots durch die einzelnen Nutzer, oft nicht nur für die eigene Website, sondern auch, um die Daten mit fremden Webseiten zu teilen.

Potenzial für Tracking bietet sich schon bei einfachsten Internetanwendungen wie der E-Mail. Typischerweise werden E-Mails im Klartext über das Internet verschickt. Das bedeutet, dass E-Mail-Provider und alle Personen, die Zugang zu den E-Mail-Servern der Nutzer und zu den Internetroutern sowie den Zwischensystemen im Internet haben, E-Mails potenziell mitlesen können. Unverschlüsselte E-Mails sind wie Postkarten, die auch von den Briefträgern gelesen werden können. Es ist demnach durchaus wichtig, darüber nachzudenken, welche Informationen man mit einer E-Mail durch das Netz schicken möchte. Institutionen mit Zugang zu den Milliarden von E-Mails, die tagtäglich versendet werden, können diese also automatisiert nach Schlüsselwörtern durchforsten und individuelle Informationen und Präferenzen für Persönlichkeitsprofile ableiten. Den Nutzerinnen und Nutzern dazu den E-Mail-Service selbst kostenlos anzubieten, rechnet sich hier leicht.

Heute sind nahezu 3,5 Milliarden Smartphones in Gebrauch. Diese können über ihre Betriebssysteme Android (Google) beziehungsweise iOS (Apple) Nutzerprofile auf der Basis des Gebrauchs der Telefone erstellen. Zusätzlich verlangen viele Apps, die auf den Smartphones installiert werden, Zugriffsrechte auf verschiedene persönliche Daten (Telefonbuch, Nachrichten, Fotos und so weiter), die dann entsprechend ausgewertet werden können. Weiterhin können Smartphone-Apps auf die GPS-Sensoren des Systems zugreifen und so detaillierte Bewegungsprofile des Besitzers erstellen und dadurch die Datenfülle der persönlichen Profile erweitern.

Die Bluetoothfunktion eines digitalen Geräts kann über stationäre Bluetooth-Beacons („Funktürme", zum Beispiel an Verkehrsknotenpunkten oder anderen belebten Orten) genutzt werden, um zu registrieren, wenn sich ein Nutzer mit eingeschaltetem Bluetooth innerhalb von deren Sendebereich aufhält. Mit dieser Technik lässt sich relativ einfach feststellen, wer mit wem und wie lange Kontakt hatte. Die Corona-Warn-App der Bundesregierung funktioniert nach einem davon abgeleiteten Prinzip. Bei der IP-basierten Ortung werden Informationen zwischen der IP-Adresse eines Nutzers und seiner Position zusammengeführt. So können Dienste auslesen, welche IP-Adressen sich an welchem konkreten Ort befinden.

Auch ganz ohne GPS ist es möglich, festzustellen, wo sich Internetnutzer geografisch aufhalten, sofern sich diese in ein öffentlich zugängliches WLAN einwählen. Es existieren ganze Datenbanken darüber, welches WLAN sich wo auf der Welt befindet, so dass aus dem genutzten Netzwerk auf die geografische Position geschlossen werden kann. Schließlich können mit Hilfe von öffentlichen Überwachungskameras, die mit dem Internet verbunden und an entsprechenden KI-Auswertungstechnologien angebunden sind, Personen an konkreten Orten sowie deren Bewegungsmuster identifiziert werden – heute kommt das schon flächendeckend in China zum Einsatz. Und was für Smartphones gilt, kann ebenfalls eins zu eins auf andere Wearables wie Smartwatches, Smartglases und sogar auf die Milliarden von Smarthome-Geräten und digitalen Assistenten übertragen werden, die permanent die mit ihren Sensoren erfassten Daten in die Rechenzentren der Betreiber senden.

Wer im Geschäft online oder digital bezahlt, hinterlässt ebenfalls digitale Spuren. Bei der Nutzung von Kredit- und Debitkarten werden Daten zwischen den Banken des Geschäfts und des Käufers über private Zahlungsabwickler (die selbst keine Banken sind) ausgetauscht. Im Fall von ausländischen Kreditkarten wie Visa oder Mastercard werden die Zahlungen über deren private Netze (VisaNet, Banknet) abgewickelt, so dass diese Dienste dadurch potenziell auch Zugriff auf Transaktionsdaten aus Deutschland haben. Das Gleiche gilt für Onlinebezahldienste wie Paypal, Google Pay und Apple Pay. Die virtuellen Konten werden mit den realen Bankkonten verknüpft, so dass die Dienste tracken können, welche Käufe/Verkäufe über sie abgewickelt wurden. Bei Multibanking oder Sofortüberweisung haben Abwickler von Zahlungsdienstleistungen sogar punktuell Zugriff auf die Kontohistorie der verknüpften Konten.

Die Möglichkeiten des digitalen Trackings sind wirklich ausgesprochen vielfältig und umfassend. Die Annehmlichkeiten der digitalen Technologien haben also ihren Preis. Diese kurze und noch lange nicht vollständige Übersicht der vielfältigen Methoden, mit denen sich unsere

Bewegungen im digitalen Raum erfassen lassen, sollte aber nicht als Panikmache verstanden werden. In vielen Fällen ist es sehr sinnvoll und vom Nutzer geradezu gewünscht, dass Diensteanbieter ihre Nutzer gut kennen. Das ermöglicht eine bessere und flüssigere Onlineerfahrung, die den ganz persönlichen Gewohnheiten und Vorlieben des Einzelnen entgegenkommt. Die getrackten Informationen sind auch die Grundlage, um die Vision eines „smarten Web" eines „Semantic Web" in die Tat umsetzen zu können.

Trotzdem stellen sich mit den massenhaft erhobenen Daten ernste Fragen zum Datenschutz und zu den Persönlichkeitsrechten. Jede Nutzerin, jeder Nutzer muss für sich entscheiden, wie viel Transparenz eine bequeme Netzerfahrung wert ist. Wem Privatsphäre besonders wichtig ist, muss sich bei den von ihm genutzten Diensten die Mühe machen, die Privatsphären-Einstellungen aufmerksam durchzugehen und entsprechende Auswahlmöglichkeiten nach den eigenen Vorstellungen einzustellen – oder sogar in Erwägung ziehen, bestimmte Dienste gar nicht oder nur vermittels datenschutzfreundlicherer Alternativen zu nutzen und gegebenenfalls dafür auch zu bezahlen. Denn einen wirklich kostenlosen digitalen Dienst gibt es nicht: Entweder bezahlt man mit Geld oder mit seinen Daten.

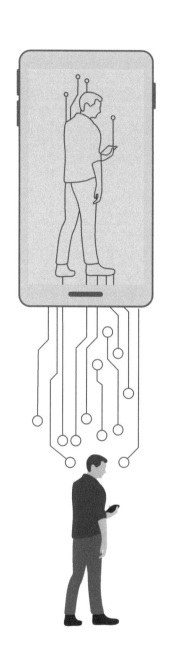

Die Vision des intelligenten Webs

**Ein Web, das seine Inhalte versteht, wird der nächste
große Entwicklungsschritt. Ansätze dafür gibt es bereits.**

Die Erfindung des Webs und seine rasche globale Verbreitung ist eine historisch einmalige Erfolgsstory. Erst
1990 eingeführt, ist das WWW heute die größte Informa-
tions- und Interaktionsquelle der Menschheit geworden
und wächst beständig und exponentiell weiter. Während
es 1991 gerade einmal ein paar Dutzend Websites gab,
sind es heute schon fast zwei Milliarden mit geschätzt
100 Milliarden Webdokumenten. Und alle sechs Monate
verdoppelt sich die Anzahl der Webdokumente. Das
Web droht damit Opfer seines eigenen Erfolgs zu werden, denn wer blickt bei einer solchen immensen Zahl an
Informationen noch durch? Die einschlägigen Suchmaschinen leisten ihren Beitrag, den Webinformationsraum
zu strukturieren und überschaubar zu machen. Ohne
sie wären Nutzer des WWW heillos überfordert. Aber
auch Suchmaschinen „sehen" nur einen Teil des Web. Im
„Deep Web", das ist der Teil des WWW, der nicht über eine
Suchmaschine gefunden werden kann, existieren eine
weitere unüberschaubare Anzahl von Webseiten und
-dokumenten. Ebenso im „Dark Web", zu dem man sich
den Zugang nur durch die Nutzung bestimmter Anony-
misierungsprogramme beschaffen kann.

Aber selbst in dem Bereich, den traditionelle Suchmaschinen „sehen" können, fehlen ihnen Fähigkeiten, die
Suchergebnisse inhaltlich zu ordnen und zu strukturieren.
So steht die große Frage im Raum, wie man es schafft,
die Informationen, die uns das Web bereitstellt, so auf-

zuarbeiten, dass jeder mit seinen ganz eigenen Ansprüchen den vollen Nutzen daraus ziehen kann. Gefragt ist ein „intelligentes" Web, das jedem Nutzer individuell die Inhalte mit genau den für seine Person relevanten Informationen bereitstellt, eine Version des Webs, die gerne auch als „Web 3.0" oder „Semantic Web" bezeichnet wird.

Warum ist es so schwierig, ein solches intelligentes Web zu erschaffen? Computer „sehen", „hören" und „denken" anders als Menschen, und das betrifft alle Medien wie Texte, Fotos, Musik oder Videos. Sie „verstehen" nicht, was die Texte, Bilder und Musik bedeuten. Für Computer sind alle Medien nur spezifisch strukturierte Folgen aus Nullen und Einsen. Sie können erkennen, wie die Wörter aus Buchstaben aufgebaut sind, sie können zählen, wie oft Wörter in Texten vorkommen, sie können Pixel in Bildern voneinander unterscheiden, aber verstehen erst einmal nicht, ob die Bilder Katzen oder Politiker zeigen, ob Bitfolgen, die Töne repräsentieren, ein harmonisches Musikstück beschreiben, oder binär codierte Videosequenzen ein cineastisches Meisterwerk darstellen. Wenn wir als Menschen solche medialen Informationen präsentiert bekommen, greifen wir auf ein tiefes Erfahrungs- und Kontextwissen zurück, das uns hilft, die Bedeutung (Semantik) der präsentierten Information zu erfassen und neu angebotene Informationen richtig einzuordnen. Wir können auf einer Zeitungsseite auf einen Blick eine Werbeanzeige identifizieren und unterscheiden von einem inhaltsschweren Artikel. Wir erkennen in Wort und Bild handelnde Politiker und können politische Informationen leicht von Reisebeschreibungen oder lyrischen Betrachtungen unterscheiden, obwohl uns alles nur in Form von Texten oder Bildern vorgelegt wurde.

Damit Maschinen die Bedeutung von Dokumenten erfassen können, brauchen sie genau wie Menschen Informationen zum Kontext der Informationen in dem

Dokument und ebenso eine Erfahrungshistorie. Derartige Zusatzinformationen werden als Metadaten bezeichnet. Metadaten sind also Informationen über Informationen. Auch im Web kann man Metainformationen zur Verfügung stellen. So bietet HTML für Autoren von Webseiten die Möglichkeit, Metadaten über die Inhalte ihrer Webseiten bereitzustellen. Diese sind allerdings äußerst beschränkt und außerdem sehr missbrauchsanfällig. So haben viele Autoren die Metadaten für ihre Website nicht zur inhaltlichen Beschreibung, sondern für ein effektives Marketing so ausgewählt, dass sie von Suchmaschinen bei jedem erdenklichen Suchwort angezeigt werden. Mit den ursprünglichen Mitteln der Webtechnologie ist es deshalb auch unmöglich, für ein intelligentes Web verlässliches Kontext- und Weltwissen bereitzustellen.

Deshalb nutzt man zur Verwirklichung der Vision eines intelligenten Webs inzwischen die Mittel der Semantik – eines Teilgebiets der Linguistik, das sich mit Sinn und Bedeutung von Sprache sowie sprachlicher Symbole beschäftigt –, um dieses Kontext- und Weltwissen zur Verfügung zu stellen. Dabei wird die Bedeutung komplexer Begriffe aus der Bedeutung einfacherer Begriffe abgeleitet auf der Basis formal beschriebener inhaltlicher Beziehungen zwischen diesen. Das ist natürlich ein sehr komplexer Vorgang mit großem Einfluss auf die aktuelle Bedeutung eines Wortes im spezifischen Kontext eines Satz beziehungsweise Textes. Dabei gilt es zu berücksichtigen, dass Wörter in den unterschiedlichen Zusammenhängen drastisch ihre Bedeutung ändern können. Wörter und ihre Bedeutungen sind nicht für alle Zeit festgelegt, Sprache ist eine soziale Angelegenheit. Und genau das macht es für rein maschinell arbeitende Computer auch so schwer, den Inhalt von Sprache oder Medien im Allgemeinen nachzuvollziehen. Bei aller Vielfalt kommt aber die Bedeutungsebene der Sprache nicht ohne gewisse

Regeln aus, die auf die Bedeutung von Begriffen Einfluss nehmen, ansonsten wäre eine Verständigung unter Menschen nicht möglich. Die Idee bei der Bereitstellung eines intelligenten Webs ist es, diese Regeln zu identifizieren und dann den Rechnern „beizubringen".

Wie schwer es ist, mit klassischen Mitteln, wie z. B. Schlüsselwort-basierter Suche, etwas im Web zu finden, zeigen die Fälle von Homonymen und Synonymen. Homonyme sind gleichlautende Wörter mit unterschiedlichen Bedeutungen, wie zum Beispiel „Bank" (Kreditinstitut, Meergebiet oder Sitzgelegenheit) oder „Golf" (Seebucht oder Auto oder Sport). Eine Maschine weiß von sich aus nicht, welches davon man je konkret meint, wenn nicht weitere Informationen verfügbar sind, und man wird in der Folge mit womöglich irrelevanten Informationen überschwemmt. Anders dagegen bei Synonymen, wo mehrere Wörter die gleiche Bedeutung haben. Hier könnte es passieren, dass relevante Informationen vorenthalten werden, weil eine Webseite, statt meines Suchbegriffs das Synonym verwendet.

Daher muss man Computern ein ganzes Sprach- und Bedeutungssystem an die Seite stellen, damit sie die im Text beschriebenen Sachverhalte „verstehen" können. Solche Sprach- und Bedeutungssysteme heißen Ontologien. Mit ihrer Hilfe kann man formal die Verständniskonzepte und Bedeutungen spezifizieren. Eine Ontologie besteht dabei aus einer Taxonomie, also einer Hierarchie von sprachlichen Konzepten, wie man sie zum Beispiel aus der Biologie kennt (mit Familien, Gattungen, Arten und Unterarten von Lebewesen), sowie ihrer sprachlichen Beschreibung. Bedeutungen wird also über ein System von Ober- und Unterbegriffen erfasst. Zusätzlich braucht es eine „Datenbank" an hilfreichen Informationen, wie Namen von Menschen, Liste von Orten, Lebewesen, Produkten und Dingen aller Art sowie ihre Beziehungen zueinander.

Ein intelligentes Web kann dann dank seiner Ontologien und auf Basis ausgewerteter Nutzerdaten (Kontext- und Erfahrungswissen) feststellen, was der Nutzer tatsächlich meint. Gibt er beispielsweise „Golf" in eine Suchmaschine ein, dann kann das Semantic Web richtig feststellen, dass hier der Golfsport gemeint ist, weil der Nutzer beispielsweise regelmäßig die Ergebnisse von Golfturnieren überprüft und sein Bildschirmhintergrund einen Golfspieler zeigt. Bei einem anderen Nutzer würden bei der gleichen Anfrage Ergebnisse zum VW Golf angezeigt werden, weil sich in seiner Nutzerhistorie entsprechende Hinweise auf das Auto finden lassen.

Da es HTML, als Sprache zur Strukturierung des Webs, an der Möglichkeit, Bedeutung von Informationen auszudrücken, fehlt, braucht es für die Verwirklichung der Vision des intelligenten Semantic Web viele weitere Bausteine. Dazu gehören:

↳ **Uniform Resource Identifier (URI):** eindeutige Identifikation von Informationsquellen im Web

↳ **Extensible Markup Language (XML):** einheitliche Syntax zur Darstellung von Informationen

↳ **Resource Description Framework (RDF):** Ausdruck einfacher semantischer Beziehungen zwischen Informationsentitäten

↳ **Ontologien:** Beschreibung, wie Begriffe zusammenhängen

↳ **Inferenz-Mechanismen:** damit neue Informationen aus vorhanden abgeleitet werden können

↳ **XMLEncryption/XMLSignature:** Gewährleistung von Datenschutz, und vieles mehr

Ein ganz wesentlicher Baustein eines intelligenten Webs sind die so genannten Linked Open Data. Solche LOD bieten ein riesiges weltweites Netzwerk frei verfügbarer Informationen aller Art in maschinenlesbarer Form. Die bekanntesten LOD-Datensätze sind DBpedia (extrahierte Informationen aus Wikipedia), FOAF (Personen und Beziehungsdatenbank), GeoNames (Informationen über Orte und ihre Position).

Mit all diesen Technologien und Informationssammlungen gelingt es, der Vision eines intelligenten Webs mit Riesenschritten näherzukommen. Bei aller Bequemlichkeit, die ein solches „intelligentes" Web uns bei seiner Nutzung bietet, kann es einem schnell unheimlich werden, wenn man bedenkt, wie viel das Web schon heute über uns weiß (Kontextwissen aus Nutzerdatenanalysen). Aber ohne dieses Kontextwissen hat ein Semantic Web keine Chance, uns zu „verstehen".

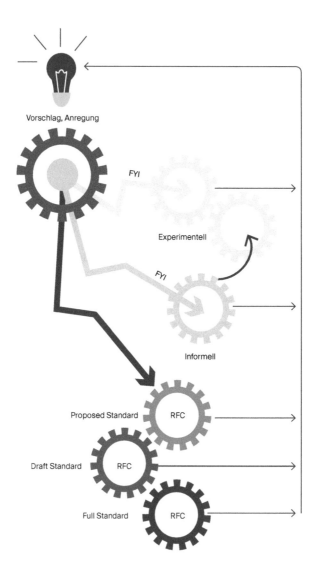

Vorschlag, Anregung

FYI

Experimentell

FYI

Informell

Proposed Standard

RFC

Draft Standard

RFC

Full Standard

RFC

Wie die technischen Normen des Internets entstehen

Das Erstaunliche: Die Standards des Internets entwickelten sich entlang der Nutzererfahrung und ohne Oberaufsicht. Trotzdem funktioniert es. Wie geht das?

Das Internet und Web als weltumspannendes Rückgrat der neuen digitalen Welt kann wahrlich als Weltwunder bezeichnet werden. Es gibt kaum noch Menschen auf der Erde, die nicht in irgendeiner Form mit dieser globalen Technologie und ihren unzähligen Diensten in Kontakt gekommen sind. Und auch die aktuellen wirtschaftlichen und gesellschaftlichen Entwicklungen basieren so ziemlich alle auf Anwendungen der allgegenwärtigen Kommunikationstechnologie. Das Internet ist im Vergleich zu anderen Großprojekten der Menschheit auch insofern bemerkenswert, als es keinen Masterplan gab, der die Entwicklung vorgezeichnet hätte und entsprechend umgesetzt wurde. Die größte technologische Entwicklung der Menschheit basiert auf einem sich selbst steuernden, dezentralen Prozess, der von tausenden IT- Ingenieuren weltweit getrieben wird und zu großen Teilen auf Freiwilligkeit und Ehrenamt fußt.

Damit das Internet und das Web so reibungslos funktionieren und die Millionen von dezentralen Netzwerken als ein homogenes Netz in Erscheinung treten, braucht es zahllose Standards. Myriaden einzelner Teile müssen die gleiche „Sprache sprechen", um im Zusammenspiel zu funktionieren. Gleichzeitig müssen alle Beteiligten – Konsumenten, Internetserviceanbieter und die technischen

© Der/die Autor(en), exklusiv lizenziert durch
Springer-Verlag GmbH, DE, ein Teil von Springer Nature 2021
C. Meinel und M. Asjoma, *Die neue digitale Welt verstehen*,
https://doi.org/10.1007/978-3-662-63701-2_37

Internetkomponenten – die Standards beachten und einhalten. Es ist ein außergewöhnliches und einmaliges Charakteristikum des Internets, dass sich der Prozess zur Erstellung dieser Standards über tausende Arbeitsgruppen öffentlicher und privater Akteure hinweg weitgehend selbst steuert, dass das Netz der Netze für den Endnutzer als eine Einheit erscheint.

Schon im Jahr 1969, als die ersten Rechner über das ARPANET, den Vorgänger des Internets, vernetzt werden konnten, wurde der so genannte RFC-Editor geschaffen (RFC steht für „Request for Comments"). Über ihn konnten die an der Entwicklung des Internets arbeitenden internationalen Arbeitsgruppen ihre technisch-organisatorischen Dokumente zum entstehenden Internet publizieren. Diese RFCs werden von der Entwicklergemeinschaft und weltweiten Internetgemeinde begutachtet, diskutiert und dann zur Anwendung empfohlen oder nicht. Auf der Grundlage dieser RFCs können weiterreichende Vorschläge zur Etablierung und Weiterentwicklung von globalen „Internetstandards" wie der TCP/IP-Protokollsuite gemacht werden. RFCs sind keine Regeln, die autoritär verordnet werden, sondern Vorschläge aus der Community, die einvernehmlich aus einer globalen Gemeinschaft in einem klar definierten Verfahren entstehen. RFCs beschreiben bis in alle Einzelheiten, wie die digitalen Kommunikationskanäle gestaltet und weiterentwickelt werden. Dieser RFC-basierte Entwicklungs- und Standardisierungsprozess hat sich inzwischen stark professionalisiert und wird heute von internationalen Entwicklerorganisationen wie dem Internet Architecture Board (IAB) koordiniert. Umgesetzt werden die in den RFCs beschriebenen Features und Verabredungen dann ganz dezentral von vielen verschiedenen Arbeitsgruppen (Taskforce genannt) und entwickeln damit das Internet als Ganzes (weiter). Heute existieren fast 10 000 RFCs und an die 100 Internetstandards, die dafür sorgen, dass das Internet so rund läuft.

Grundsätzlich kann jeder Internetnutzer einen Vorschlag für einen RFC machen, indem er ein standardisiertes Dokument im RFC-Editor anlegt. Dokumente werden zwingend als Textdatei im ASCII-Format erstellt und im RFC-Editor fortlaufend nummeriert. Es gibt dann zwei verschiedene Wege, wie ein Vorschlag den Rang eines RFC erlangen kann: Im ersten Fall wird der Vorschlag von den Internet-Taskforces begutachtet und nach finaler Sichtung der Gremien durch die Internet Engineering Task Force als RFC definiert. Der Prozess selbst ist in den RFCs 2026, 4845 und 5743 spezifiziert. Im zweiten Fall geht es um unabhängig eingereichte Vorschläge. Diese werden zunächst als „Internet-Draft" (I-D) publiziert und zur Begutachtung an geeignete Mitglieder der Internetgemeinschaft gegeben. Erst wenn diese Begutachtung positiv war, kann die Publikation als RFC erfolgen. Dieser Prozess ist im RFC 4846 definiert.

RFCs sind aber noch keine Internetstandards, sondern müssen in einem gesonderten Verfahren dazu erhoben werden. Neue Internetstandards werden heute ausschließlich über die Internet Engineering Task Force geschaffen. Dazu muss ein RFC im Status eines „Proposed Standard" (Standard-Vorschlag) veröffentlicht worden sein. Ein vorgeschlagener Standard ist also bereits über den Status eines Internet-Draft (I-D) hinaus und von der Internetcommunity als RFC akzeptiert. Damit ein neues Internetprotokoll oder eine Protokollerweiterung als neuer Internetstandard akzeptiert wird, ist es wichtig, dass dieser bereits implementiert wurde und sich im Betrieb bewährt hat. Früher bestand der nächste Schritt in dem Nachweis, dass der vorgeschlagene Standard interoperabel ist. Das musste durch mehrere eigenständige und unabhängige Implementierungen nachgewiesen werden. Wenn das gelang, wurde aus einem „Proposed Standard" ein „Draft Standard" (Standardentwurf), der zur Prüfung durch die Internet Engineering Task Force empfohlen wurde und nach erfolgreicher Begutachtung und unabhängiger Implementierung zum offiziellen Internetstandard erhoben werden konnte.

Heute wird dieser Zwischenschritt übersprungen. Damit aus einem Standardvorschlag ein Internetstandard wird, muss eine zweite, unabhängige Organisation den Vorschlag eigenständig und erfolgreich implementiert haben. Wenn das erfolgreich geschehen ist und der neue Standard verlässlich im Betrieb ist, weitgehend fehlerfrei läuft, keine hohen Anforderungen an die Implementierung stellt sowie größere Verbreitung findet, dann wird der Standardvorschlag offiziell von der Internet Engineering Task Force als Internetstandard (STD) anerkannt und mit einer fortlaufenden Nummer bezeichnet. Alle von der Internetgemeinde anerkannten Standards sind offen und öffentlich über den RFC-Editor einsehbar. Wenn ein Status veraltet, wird er entsprechend als „historisch" oder „obsolet" gekennzeichnet. In der für jeden offenen Datenbank wird nichts gelöscht, so dass jeder die Entwicklung der Internetstandards und RFCs im Detail nachvollziehen kann.

Alle bisher genannten Internetstandards haben den Prozess der Anerkennung durch die globale, sich selbst steuernde Internetgemeinde durchlaufen und prägen das Internet, wie wir es kennen. Hier eine kleine Auswahl bereits besprochener Standards:

↳ **Internet Protocol IP:** STD 5, RFC 791
↳ **Transmission Control Protocol TCP:** STD 7, RFC 793
↳ **Simple Mail Transfer Protocol SMTP:** STD 10, RFC 821
↳ **Domain Name System DNS:** STD 13, RFC 1034
↳ **Realtime Transport Protocol RTP:** STD 64, RFC 3550
↳ **Internet Protocol Version 6 IPv6:** STD 86, RFC 8200

Das Internet ist vielleicht auch deshalb eine so bemerkenswerte Technologie, weil sie wie keine andere auf umfassender, dezentraler und globaler Kollaboration einer internationalen Community von freiwilligen Enthusiasten basiert, die sich beständig und mit Einsatz um die Weiterentwicklung und Verbesserung des Internets verdient macht. Diese weltweite Internetgemeinde ist inzwischen so groß geworden, dass sich internationale Internetorganisationen gegründet haben, um diesen selbststeuernden Prozess zu koordinieren. Diese Grassroots-Organisationen sind die eigentlichen „Herrscher" des Internets, wenn auch dieser Begriff für das Internet nicht taugt. Um welche Organisationen es dabei im Einzelnen geht, wird Gegenstand des letzten Kapitels sein.

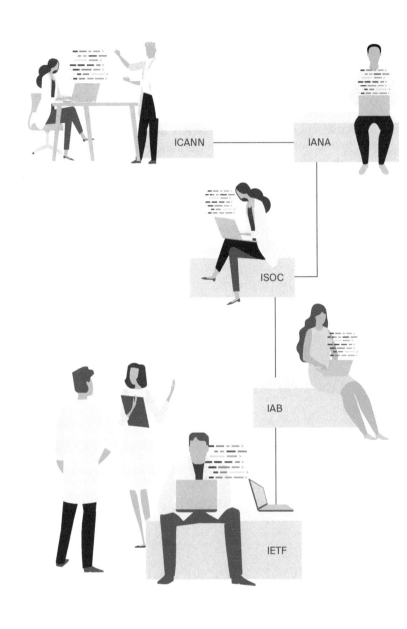

Wer regiert das Internet?

Das Internet verdankt seinen Erfolg wohl auch der Tatsache, dass niemand an den Hebeln der Macht sitzt. Das Internet wird von einer ganzen Reihe internationaler Organisationen gestaltet.

Fragt man heute, wer das Internet oder World Wide Web „regiert", dann hört man oft die Namen von den berühmten Geschäftsführern großer Digitalkonzerne. Auch von Regierungs- und Behördenchefs der im Netz aktiven Staaten und Geheimdienste ist die Rede. Das ist vordergründig und faktisch sicher nicht ganz falsch.

Es verkennt aber zum einen, wie schnell der wirtschaftliche Erfolg im Web dahin sein kann, und zum anderen welche kurze Halbwertszeit staatliches Knowhow hat. Die eigentlichen Köpfe und Macher von Internet und Web sind internationale Forschungs- und Entwicklerorganisationen, die mit ihren technischen Entwicklungs- und Standardisierungsleistungen das Internet und WWW im Hintergrund und in der Öffentlichkeit weitgehend unbekannt vorangetrieben haben und es weiter vorantreiben. Sie haben mit Internet und WWW ein äußerst dichtes, persistentes und umfassendes Gewebe geschaffen, auf dem die ganze neue digitale Welt gründet. Will man wissen, wer das Web tatsächlich webt, muss man hinter die Kulissen schauen.

Zunächst einmal gehört es zu den wesentlichen Merkmalen des Internets, dass es nicht zentralistisch organisiert ist, sondern aus einem Netz von Millionen, über verteilt agierende Zwischensysteme verbundener, eigenverantwortlich betriebener Netzwerke besteht. Es

© Der/die Autor(en), exklusiv lizenziert durch
Springer-Verlag GmbH, DE, ein Teil von Springer Nature 2021
C. Meinel und M. Asjoma, *Die neue digitale Welt verstehen*,
https://doi.org/10.1007/978-3-662-63701-2_38

gibt hier keine Stelle, die vor allen anderen ausgezeich-
net wäre und von der aus das Internet gesteuert und
Befehle gegeben werden könnten. Beständig kommen
neue Netzwerke und Systeme hinzu, während alte Systeme abgeschaltet werden, ohne dass davon der Betrieb
des Internets als Ganzem betroffen wäre – wie in einem
lebenden Organismus, der seine Zellen regeneriert,
wächst und totes Gewebe abstößt.

Damit das funktioniert, müssen alle Einzelbestandteile
und Akteure im Internet perfekt zusammenpassen – hier
spielen Standards eine entscheidende Rolle – und es
braucht Organisationen, die diese Standards festle-
gen und notwendige Maßnahmen steuern. Aber auch
für die Entwicklung von Internetstandards gibt es keine
zentrale Instanz. Auch heute noch, wo wir alle vom Internet und seinen Diensten abhängen, ist dies ein weitgehend sich selbst steuernder Prozess, getrieben von der
weltweit vernetzten Community von IT-Fachleuten, die
Standards vorschlagen, ausprobieren, begutachten
und empfehlen. Die sehr offene, die weltweite Internetgemeinde involvierende Gestaltung der Entwicklung und
Weiterentwicklung des Internets ist wohl einmalig in der
Technikgeschichte und wohl auch ein für den Erfolg ganz
entscheidendes Charakteristikum des Internets.

Bereits Anfang der 1980er Jahre wurde klar, dass es in
diesem sich selbst steuernden Entwicklungsprozess der
zahlreichen, dezentral und unabhängig vorangetriebenen
Entwicklungen einer die Standardisierung koordinierender
Stelle bedarf. So wurde das Internet Architecture Board
(IAB) eingerichtet mit der Maßgabe, einen Überblick über
die ständig neu geschaffenen Standards zu behalten,
wichtige Neuentwicklungen anzustoßen und zwischen
den verschiedenen Organisationen, die an der Entwicklung des Internets beteiligt sind, zu koordinieren. Das IAB
beauftragt verschiedene Internet Task Forces (ITF) damit,

anfallende Forschungs- und Entwicklungsaufgaben zu erledigen, die für die Weiterentwicklung des Internets notwendig sind, wie die Entwicklung und Testung vorgeschlagener neuer Funktionalitäten oder das Patchen und Erweitern von Protokollen. Die ITFs berichten mit regelmäßigen Statusreports dazu dem Vorstand des IAB.

Besondere Bedeutung bei der Unterstützung des IAB kommen der Internet Engineering Task Force (IETF) und der Internet Research Task Force (IRTF) zu. Die IETF ist damit befasst, neue Kommunikationsstandards, wie IP, TCP, HTTP umzusetzen und in die Breite der Anwendung zu bringen, und wird dazu von der Internet Engineering Steering Group (IESG) unterstützt. Das IRTF ist ein Gremium, das sich speziell den Forschungsfragen widmet, die zur Entwicklung neuer Funktionalitäten und Internetkommunikationsprotokolle führen. Forschungsgruppen des IRTF beschäftigen sich zum Beispiel mit Fragen des Routings, der Ende-zu-Ende-Verschlüsselung, dem Schutz der Privatsphäre und Fragen der Sicherheit und des Service-Management.

Im Zuge des rasanten Wachstums des Internets wurde Ende der 1980er Jahre die Internet Assigned Number Authority (IANA) gegründet, die global für die Steuerung der Vergabe und Verwaltung von IP-Adressen sowie der Registrierung von Name-Rootservern und der Network Information Center sorgte. Die erste der genannten Aufgabe wurde dann 1998 an eine privat-organisierte und heute deutlich bekanntere Organisation ausgelagert, die Internet Corporation for Assigned Names and Numbers (ICANN).

Um die vielen global und dezentral agierenden Organisationen zu koordinieren, wurde als übergreifendes Dach 1992 in Japan die Internet Society (ISOC) gegründet. Sie überwacht die Entwicklungs- und Forschungsarbeiten des IAB sowie die Registrierungen und

Publikationen von IANA beziehungsweise ICANN und ist heute die wichtigste internationale Instanz zur Verabschiedung von Standards, die ihr von den nachgeordneten Gremien empfohlen werden.

Die wichtigste Organisation, die sich mit der Weiterentwicklung und Empfehlung neuer Standards im WWW beschäftigt, ist das World Wide Web Consortium (W3C). Dieser durch Mitgliedsbeiträge und Spenden finanzierte Verein wurde 1994 vom Web-Pionier Tim Berners Lee aus einer IETF-Arbeitsgruppe ausgegründet und wird bis heute von ihm geleitet. Da das W3C keine anerkannte internationale Organisation ist, kommt ihm nicht das Recht zu, eigene Standards und ISO-Normen zu veröffentlichen. Formal hat das W3C lediglich ein Vorschlagsrecht für die Weiterentwicklung des WWW. Faktisch ist das W3C aber dennoch sehr bedeutend, da die vom W3C erarbeiteten Empfehlungen großes Gewicht haben und von der ISOC in aller Regel direkt zu neuen Standards erhoben werden. Das W3C befasst sich außerdem mit der Pflege der wichtigsten WWW-Standards, wie HTML, CSS und XMS.

Wenn wir auf die Entwicklung des Internets in Deutschland schauen, dann erkennt man, dass Deutschland hier keine Pionierrolle gespielt hat und lange hinterherhinkte. Man tat sich sehr schwer mit der Grundidee des Internets, Daten („nur") so gut es geht, aber ohne Garantie auf Vollständigkeit weiterzuleiten. Erst 1984 wurde der Verein zur Förderung eines Deutschen Forschungsnetzes (DFN-Verein) von deutschen Informatikern gegründet und von der Bundesregierung finanziert. Das DFN befasste sich vor allem damit, die rasante Entwicklung der Internettechnologien in den USA, die dort durch den geförderten Anschluss aller Universitäten ans Netz mit Macht voranschritt, in Deutschland nachzuholen. Im Gründungsjahr wurde an der Universität Dortmund der erste Großrechner mit Internetanschluss installiert, aber es sollte noch bis in die

1990er Jahre dauern, bis das erste Schmalbandnetz bei 64 Kilobit pro Sekunde seinen Betrieb aufnehmen konnte. Erst 1991 entstand der erste deutsche Name-Server für die Toplevel-Domain .de in Dortmund. Inzwischen hat zumindest das deutsche Wissenschaftsnetz den Vorsprung der Amerikaner aufgeholt. Alle deutschen Universitäten verfügen über ein modernes Gigabit-Netz.

So mag es zwar heute so aussehen, als würden Internetgiganten wie Facebook, Google oder Amazon das Internet beherrschen. Beim genauen Hinsehen zeigt sich allerdings, dass alle diese Unternehmen darauf angewiesen sind, dass eine offene globale Internetgemeinde die lebenswichtigen Standards für das Funktionieren von Internet und WWW bereitstellt.

Ihr kostenloses eBook

Vielen Dank für den Kauf dieses Buches. Sie haben die Möglichkeit, das eBook zu diesem Titel kostenlos zu nutzen. Das eBook können Sie dauerhaft in Ihrem persönlichen, digitalen Bücherregal auf **springer.com** speichern, oder es auf Ihren PC/Tablet/eReader herunterladen.

1. Gehen Sie auf **www.springer.com** und loggen Sie sich ein. Falls Sie noch kein Kundenkonto haben, registrieren Sie sich bitte auf der Webseite.
2. Geben Sie die eISBN (siehe unten) in das Suchfeld ein und klicken Sie auf den angezeigten Titel. Legen Sie im nächsten Schritt das eBook über **eBook kaufen** in Ihren Warenkorb. Klicken Sie auf **Warenkorb und zur Kasse gehen.**
3. Geben Sie in das Feld **Coupon/Token** Ihren persönlichen Coupon ein, den Sie unten auf dieser Seite finden. Der Coupon wird vom System erkannt und der Preis auf 0,00 Euro reduziert.
4. Klicken Sie auf **Weiter zur Anmeldung.** Geben Sie Ihre Adressdaten ein und klicken Sie auf **Details speichern und fortfahren.**
5. Klicken Sie nun auf **kostenfrei bestellen.**
6. Sie können das eBook nun auf der Bestätigungsseite herunterladen und auf einem Gerät Ihrer Wahl lesen. Das eBook bleibt dauerhaft in Ihrem digitalen Bücherregal gespeichert. Zudem können Sie das eBook zu jedem späteren Zeitpunkt über Ihr Bücherregal herunterladen. Das Bücherregal erreichen Sie, wenn Sie im oberen Teil der Webseite auf Ihren Namen klicken und dort **Mein Bücherregal** auswählen.

EBOOK INSIDE

eISBN
Ihr persönlicher Coupon

Sollte der Coupon fehlen oder nicht funktionieren, senden Sie uns bitte eine E-Mail mit dem Betreff: **eBook inside** an **customerservice@springer.com**.

978-3-662-63701-2
d7yClcEn4QLWvmw

GPSR Compliance

The European Union's (EU) General Product Safety Regulation (GPSR)
is a set of rules that requires consumer products to be safe and our
obligations to ensure this.

If you have any concerns about our products, you can contact us on
ProductSafety@springernature.com

In case Publisher is established outside the EU, the EU authorized
representative is:

Springer Nature Customer Service Center GmbH
Europaplatz 3
69115 Heidelberg, Germany

Batch number: 07958771

Printed by Printforce, the Netherlands